JN098031

中国語を ひとつひとつ わかりやすく。

宮岸 雄介 著

Gakken

この本と出会ったみなさんへ

　本書を手に取ってくださったみなさんは，これから始まる中国語の「勉強」に，わくわくしていらっしゃることと思います。実は中国語にも全く同じ"勉強[miǎnqiǎng]"という言葉があります。読んで字のごとく「勉めて強いる」，つまり「やりたくないことを無理やりする」という意味で使われています。

　ストイックな日本人は，ものごとを学ぶときのつらい過程に着目し，「勉強」を「学ぶ」という意味に使いますが，考えてみると「学ぶ」ことは未知なる世界を知る喜びであります。中国語の"勉強"には「学ぶ」という意味はなく，「学ぶ」は「"学习[xuéxí]"＝学習」「"读书[dúshū]"＝読書」という言葉で言い表します。中国語では，学ぶことは「亦た愉しからずや」なのです。

　さて，中国語の漢字の発音には声調が４つあり，非常に音楽的です。韻を踏んだり音律を整えたりする漢詩という文芸を生み出した魅力的な言語でもあります。中国語の漢字が，日本語とは異なる音を持っていることを知ると，普段使っている漢字の印象もがらりと変わることでしょう。中には日本語にない音もあるため，本書ではまずその発音の仕方から練習しましょう。

　また，本書では，中国語のしくみをゼロからわかりやすく解説し，ひとつひとつテーマごとに，練習を通じて内容の理解と知識の定着を積み重ねていきます。基本的な中国語のしくみがわかってくると，中国の人々のものの感じ方，考え方が次第に見えてきます。私たちが使っている漢字が中国語の中に入ると，別人格になり，別の音声が鳴り始めます。それはまるでよく知っている友人の全く違った一面を発見するような，不思議な体験です。抑揚のある透き通った音声が奏でる中国語は，英語の語順と似ていて，はっきりと自己主張をする性格が際立っています。悠久の長い歴史を持つ中国語は，過去を語るとき，形式上現在のことのように語るという特徴もあります。さらに一語一語それぞれに意味を持つ漢字を使う中国語の世界は，ものごとを非常に具体的に映し出します。外国語の学習は異文化理解の窓です。いっしょに「勉強」ではなく，楽しく「学習」していきましょう。

宮岸 雄介

CONTENTS

第1章 発音

第2章 基本の文①

第3章 基本の文②

第4章 数について

中国語とは／中国の基本知識

中国語を話す人々の世界

中国語 ＞ 漢語 ＞ 普通話

　悠久の歴史と広大な大地を擁す中国。古代の甲骨文字を源とする漢字を 3000 年近く使い続け，現在の国土は日本の約 26 倍です。人口もおよそ 14 億人，世界各地で生活する華僑と呼ばれる人などもおり，中国語を母語として話す人口は全世界の他言語をはるかに凌ぎます。

　また，中国は多民族国家で，56 の民族（内 55 の民族は，モンゴル族，チベット族，朝鮮族，タイ族などの少数民族で，総人口の約 8 ％を占めている）がともに生活しており，いわゆる中国語以外の少数民族の言葉も存在します。

　これから学ぶ中国語は，全人口の 9 割以上を占める漢民族が話している「漢語（"汉语［Hànyǔ］"）」です。その「漢語」も北方と南方では多様な方言が存在し，発音も異なるため，東北（北方）の人と広東（南方）の人は会話が通じないほどです。こうした混乱をなくすべく，漢民族の共通語，さらには中華民族の共通語として，中華人民共和国が「普通話（"普通话［pǔtōnghuà］"）」を整備してきました。私たちがこれから学ぶのは，中国で話されている言語のうち，漢民族が使う「漢語（"汉语［Hànyǔ］"）」，その中でも北方方言，特に北京語をモデルにした普通話（"普通话［pǔtōnghuà］"）ということになります。

普通話（普通话［pǔtōnghuà］）の発音と文字

中国語のふりがな　　ピンイン（"拼音［pīnyīn］"）

　中国語には，ひらがなのような音声を表す文字がありません。そこで，普通話ではラテン文字を使って音声を表現する文字が考え出されました。これがピンインです。たとえば，"拼音" の中国語音はピンインで，［pīnyīn］と表記します。本書でも発音の学習を進めるうえで，このピンインを使って学んでいきます。詳しいルールについては，第 1 章で紹介します。

中国語で使われている文字　簡体字（"简体字［jiǎntǐzì］"）

　漢字はそのつくりが複雑であることが多く，習得に困難をきたしていることを危惧して，中華人民共和国は漢字の簡略化を進めてきました。現在大陸を中心に使われている文字が「簡体字"（简体字［jiǎntǐzì］)"」です。たとえば，簡体字で"漢語"は"汉语"と表記します。一方，簡略化しない漢字をそのまま使っているのが，台湾や香港，澳門で今も使われている「繁体字（繁体字［fántǐzì］)」です。このテキストでは，「簡体字（简体字［jiǎntǐzì］)」を使って学んでいきます。

中国語が話されている世界

　現在，中国語が話されている地域の現状を見てみましょう。

場所	人口	面積	言語	文字
中華人民共和国	約 14 億人	960 万 km^2（日本の約 26 倍）	普通話など	簡体字
台湾	約 2,300 万人	3 万 6,000km^2（九州よりやや小さい）	普通話・台湾語・客家語など	繁体字
香港	約 740 万人	1,110km^2（東京都の約半分）	広東語・英語・普通話など	繁体字
澳門	約 68 万人	32.9km^2（東京都の約 60 分の 1）	広東語・英語・ポルトガル語・普通話など	繁体字
シンガポール共和国	約 569 万人	720km^2（東京 23 区と同程度）	英語・普通話・マレー語・タミール語など	簡体字

（外務省 HP より）

あいさつ

中国語	日本語
早上好 [Zǎoshang hǎo]	おはようございます
你好 [Nǐhǎo]	こんにちは
晚上好 [Wǎnshang hǎo]	こんばんは
晚安 [Wǎn'ān]	おやすみなさい
谢谢 [Xièxie] ／ 谢谢您 [Xièxie nín]	ありがとう／ ありがとうございます
再见※ [Zàijiàn]	さようなら
对不起 [Duìbuqǐ]	ごめんなさい （心からお詫びをするときに）
不好意思 [Bù hǎoyìsi]	すみません （ちょっとした失敗をしたときなどに）

※"见"は「会う」という意味で、"時間＋见／場所＋见"で次のような意味になります。

明天见! [Míngtiān jiàn!]　明日会いましょう！

北京见! [Běijīng jiàn!]　　北京で会いましょう！

本書の使い方

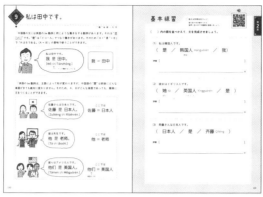

※実際に中国語の文を書くときは，<u>語と語の間を空けずに</u>続けて書きますが，本書では，語のまとまりがわかりやすいように，語と語の間をあえて少し空けています。

※本書の中国語は<u>北京の普通話</u>をベースにしています。

☺「書き込んで，聞いて，話す」学習法！

❶ 左ページの説明を読んでから，右ページの書き込み式の「基本練習」に取り組みましょう。書き込みやすいように，<u>開きやすい製本</u>になっています。

❷ 別冊解答を使って答え合わせをしましょう。

❸ 答え合わせが終わったら，音声を聞いて，話す練習をしましょう。

☺ 音声の聞き方は2通り。自分のスタイルで選べる！

❶ 二次元コードで聞く‥‥‥‥‥
各ページの二次元コードをスマートフォンやタブレットで読み取ることで，音声を再生することができます。

（インターネットに接続されている端末をご利用ください。また，通信料はお客様のご負担になります。）

❷ アプリで聞く‥‥‥‥‥‥‥
音声再生アプリ「my-oto-mo（マイオトモ）」に対応しています。下の二次元コードまたはURLからダウンロードしてください。

https://gakken-ep.jp/extra/myotomo/

アプリは無料ですが，通信料はお客様のご負担になります。パソコンからはご利用になれません。

☺ 2種類の音声で学べる！

❶ 発音練習用音声（中国語のみ）
中国語の音声が流れたあとに，自分でも発音してみましょう。

❷ スピーキング・トレーニング用音声（日→中）
テキストがなくてもいつでも・どこでも復習できる音声を用意しました。

右ページの問題を「日本語訳→ポーズ→中国語→ポーズ」の順で読んでいます。<u>日本語を聞いてパッと中国語で言う練習</u>＊をしましょう。

（＊1章と復習テストのリスニング問題には対応していません。）

1 日本語と中国語の漢字の違い

　日本と中国で使われている漢字は少し異なります。中国大陸で使われている<u>簡体字</u>（"简体字［jiǎntǐzi］"）は，中華人民共和国成立後，識字率を高めるために作られた文字です。画数が少なく，より覚えやすいことが特徴です。今は中国大陸やシンガポールで使われています。一方，香港や台湾では，以前使われていた<u>繁体字</u>（"**繁体字**［fántǐzì］"・別名：旧字体）が使われています。

　簡体字の略し方のルールは一定でないため，慣れて覚えていくしかありません。

偏のルール

言偏	語 → 语	食偏	館 → 馆
糸偏	約 → 约	金偏	鉛 → 铅
門構え	門 → 门		

簡体字のルール

ここでは基本的な簡体字の省略ルールを紹介します。

①画数の少ない同音のものに変える
機→机　　　　　藝（芸）→艺

②旧字体の一部を残す
飛→飞　　　　　電→电　　　　術→术

③草書体を使う
書→书　　　　　車→车

④画数の少ないものに変える
筆→笔　　　　図（図）→图

⑤一部分を符号化する
漢（漢）→汉　　　風→风　　　　時→时

基本練習

答えは別冊002ページ

答え合わせが終わったら，
音声に合わせて中国語を音読しましょう。

例にならって，簡体字を書いてみましょう。

(1) 汉语

汉语 Hànyǔ：中国語

_____

(2) 图书馆

图书馆 túshūguǎn：図書館

_____

(3) 飞机

飞机 fēijī：飛行機

_____

(4) 铅笔

铅笔 qiānbǐ：鉛筆

_____

(5) 艺术

艺术 yìshù：芸術

_____

(6) 时间

时间 shíjiān：時間

_____

(7) 电车

电车 diànchē：トロリーバス

_____

2 a, o, e, i, u, üとer

　中国語の発音は，母音を正確に読むことが何より重要です。最初に中国語の母音の中で1番基本となる，単母音とそり舌母音（"基本母音"という）を学びます。日本語と同じような音もありますが,特に日本語にない［e］［ü］［er］の発音は音をよく聞いて，発音のしかたを理解して正確に発音できるようにしましょう。単母音の発音は，口の形を最初に整えることが重要です。下の説明と図を見ながら発音をしてみましょう。

単母音	口の形	発音の仕方
a		口を大きく開け，舌は下げる。
o		口を丸く突き出して発音する。
e		口を半開きにして，喉の奥から「オ」という。舌はうしろに引く。
i (yi)		口を左右に強く引いて発音する。
u (wu)		口を丸く突き出して，「ウ」という。
ü (yu)		横笛を吹くときの口の形をして「イ」という。
er		「e」の発音をしながら，舌をそり上げる。「アル」という要領で発音する。

※（　）は，単母音1つで漢字1文字の発音になるときの表記です。

基本練習

→ 答えは別冊002ページ

答え合わせが終わったら,
音声に合わせて中国語を音読しましょう。

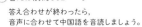 最初に整える口の形に気をつけながら,音声に合わせて発音練習しましょう。

- -

(1)

i, o, ü, a, e, u, er

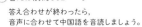 音声を聞いて,聞こえた単母音の右にある（　　）に〇を書きましょう。

- -

(2)

a（　　　）　　　　o（　　　）

(3)

e（　　　）　　　　o（　　　）

(4)

i（　　　）　　　　ü（　　　）

(5)

ü（　　　）　　　　u（　　　）

(6)

er（　　　）　　　　e（　　　）

3 b, p, m, f, d, t, n, l, g, k, h

子音①

前回, 中国語の基本母音を学習しましたね。今回からは中国語の子音を学んでいきます。中国語の音のつくりは日本語と同じで,「子音＋母音」の組み合わせ（音節）になっています。

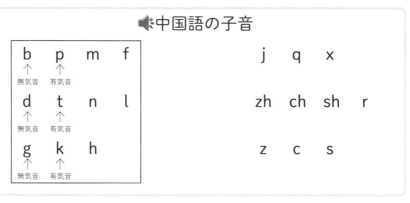

🔊中国語の子音

b	p	m	f		j	q	x
↑ 無気音	↑ 有気音						
d	t	n	l		zh	ch	sh	r
↑ 無気音	↑ 有気音						
g	k	h			z	c	s
↑ 無気音	↑ 有気音						

今回は囲んである11個の子音を学びます。

　ここで注目すべきは b, d, g が「無気音」であり, p, t, k は「有気音」であることです。「無気音」とは息を抑えて発音する音のことです。それに対して「有気音」は息を強く出す破裂音です。練習するときは, 紙やティッシュを口の前に当ててみてください。「無気音」のときは紙がほとんど動きません。対して「有気音」のときは紙が動きます。

基本練習

→答えは別冊002ページ

答え合わせが終わったら,
音声に合わせて中国語を音読しましょう。

 有気音と無気音の違いに気をつけながら, 音声に合わせて発音練習しましょう。発音しやすいように母音と一緒に練習しましょう。

(1) ge, ke, he

(2) bo, po, mo, fo

(3) de, te, ne, le

音声を聞いて, 聞こえた音節の隣にある (　) に〇を書きましょう。

- -

(4) bo (　　　)　　　mo (　　　　)

(5) de (　　　)　　　ne (　　　　)

(6) te (　　　)　　　ke (　　　　)

(7) ma (　　　)　　　na (　　　　)

4 j, q, x と zh, ch, sh, r と z, c, s

中国語の子音は全部で 21 個ありますが，そのうち，ここでは残りの 10 個を見ていきましょう。{ のペアは同じ音ですが，無気音か有気音の違いがあります。

🔊 舌面音

j (i)	無気音	「ヂ（ジ）」に近い音で濁らないように。口を左右に開く。
q (i)	有気音	はっきり「チ」と発音する。息を強く出し，口を左右に開く。
x (i)		「シ」と発音し，口を左右に開く。

🔊 そり舌音　すべて舌をそらして発音します。

zh (i)	無気音	①「ヂ（ジ）」という音（濁らないように）を出す。 ②そのまま舌をそり上げる。 ③さらに口を左右に開くとこもったような音になる。
ch (i)	有気音	①息を強く出して「チ」という音を出す。 ②そのまま舌をそり上げる。 ③さらに口を左右に開くとこもったような音になる。
sh (i)		①「シ」という音を出しながら　②舌をそり上げる。 ③さらに口を左右に開くとこもったような音になる。
r (i)		舌をそらせて，口を左右に開いて「イ」という。 〈ポイント〉「リ」という音をあまり強調せず，舌をそらすことを意識すること。

🔊 舌歯音　舌先を上の歯の裏に当てます。

z (i)	無気音	「ツ」と発音しつつ，口を左右に開く。
c (i)	有気音	息を強く出して「ツ」と発音しつつ，口を左右に開く。
s (i)		「ス」と発音しつつ，口を左右に開く。

基本練習

→ 答えは別冊002ページ
答え合わせが終わったら，
音声に合わせて中国語を音読しましょう。

🔊 有気音と無気音の違いに気をつけながら，音声に合わせて発音練習しましょう。発音しやすいように母音と一緒に練習しましょう。

- -

(1) zhi, chi, shi, ri

(2) ji, qi, xi

(3) zi, ci, si

🔊 音声を聞いて，聞こえた音節の右にある（　　）に〇を書きましょう。

- -

(4) ji （　　　）　　　qi （　　　　）

(5) zhi （　　　）　　　chi （　　　）

(6) zi （　　　）　　　ci （　　　）

(7) si （　　　）　　　shi （　　　）

5 発音のしかた①

　中国語の発音では，音の上げ下げも大事な要素の１つです。この音の上げ下げを「声調」もしくは「四声」といいます。声調には次の４種類があります。

種類	イメージ	発音の仕方	ピンイン
第一声	高 → 低	高く平らかに伸ばす。日本語で「やっほー」の「ほー」と伸ばす発音。	mā
第二声	高 ↗ 低	一気に上げる。日本語で「えっ」と驚いたときの発音。	má
第三声	高 ～ 低	低音で発音する。日本語の「へぇ，そうなの」の「へぇ」の発音。	mǎ
第四声	高 ↘ 低	一気に下げる。日本語の「さぁ，行こう」の「さぁ」の発音。	mà

母音を強く読む

　日本語は語尾が弱くなる傾向にありますが，中国語は音節のうしろ，つまり母音を強く大きめに発音しましょう。これがきれいな発音をするコツです。

ピンイン

　中国語の発音の読み方を示す表記をピンイン "拼音" といいます。ピンインは中国式のローマ字表記で，母音の上に声調記号 [ā] [á] [ǎ] [à] をつけます。

声調が違うと意味も変わる

　上の表では「ma」を例にピンインを紹介しましたが，声調が違うと，それが示す漢字が違い，意味も変わってきます。

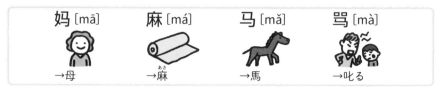

妈 [mā]	麻 [má]	马 [mǎ]	骂 [mà]
→母	→麻	→馬	→叱る

基本練習

→答えは別冊002ページ

答え合わせが終わったら，
音声に合わせて中国語を音読しましょう。

🔊 声調の違いに気をつけながら，音声に合わせて発音練習しましょう。

(1) ā, á, ǎ, à

(2) ā, é, ǒ, ǜ

(3) bō, pó, mǒ, fò

🔊 音声を聞いて，聞こえた音節の右にある（　　）に〇を書きましょう。

(4) mā （　　　　）　　　má （　　　　）

(5) dé （　　　　）　　　dě （　　　　）

(6) zhǐ （　　　　）　　　zhì （　　　　）

(7) cí （　　　　）　　　cì （　　　　）

6 ai, ia, iao など

　中国語の母音には，単母音を重ねる複母音もあります。下表のように，二重に重ねるものと三重に重ねるものの2種類あります。[e] は単独では特殊な読み方をしましたが，複母音では「エ」と読みます。その他の複母音はおおむねローマ字通りの発音です。口の形を発音前にきちんとつくってから発音しましょう。

🔊 **二重母音①　＞型**　前を強く読む（口を大きく開ける母音が前）

ai	ei	ao	ou
「アィ」という感じで「ア」を強く発音する。	「エィ」という感じで「エ」を強く発音する。	「アォ」という感じで「ア」を強く発音する。	口の形を丸めて，「オゥ」という感じで「オ」を強く発音する。

🔊 **二重母音②　＜型**　うしろを強く読む（口を大きく開ける母音がうしろ）

ia (ya)	ie (ye)	ua (wa)	uo (wo)	üe (yue)
「ィア」という感じでうしろの「ア」を強く発音する。	「ィエ」という感じでうしろの「エ」を強く発音する。	唇を丸く突き出して「ゥア」と発音する。	唇を丸く突き出して「ゥオ」と発音する。	口の形を横笛を吹くときの形にして「ィエ」と発音する。

※（　　）は前に子音がこず，母音だけで音節をつくるときの表記です。

🔊 **三重母音　＜＞型**　真ん中を強く読む（真ん中に一番大きく口を開ける母音がくる）

iao (yao)	iou (you)	uai (wai)	uei (wei)
「ィアォ」という感じで「ア」を強く発音する。	「ィオゥ」という感じで「オ」を強く発音する。	口の形を丸めて，「ゥアィ」という感じで「ア」を強く発音する。	口の形を丸めて，「ゥエィ」という感じで「エ」を強く発音する。

　p.12で単母音を学んだとき [a, o, e, i, u, ü] の順で発音練習をしました。この順序は口を大きく開ける順で，複母音で強く読む母音の優先順位を示しています。

　p.18でピンインの声調記号は，母音の上につけると学びました。複母音の場合，口を一番大きく開ける母音の上に声調記号をつけます。

āi	ié	iǎo
a>i	i<e	i<a>o

基本練習

→答えは別冊002ページ

答え合わせが終わったら，
音声に合わせて中国語を音読しましょう。

🔊 声調の違いに気をつけながら，音声に合わせて発音練習しましょう。

(1) āi, iá, ǎo, uà

(2) iā, üé, ǒu, uǒ

(3) uāi, uéi, iǒu, iào

🔊 音声を聞いて，聞こえた音節の右にある（　　）に〇を書きましょう。

(4) uō （　　　）　　　ōu （　　　）

(5) ié （　　　）　　　üé （　　　）

(6) uài （　　　）　　　uèi （　　　）

(7) iě （　　　）　　　iǎ （　　　）

7 an, ang など

　中国語の発音の最後に学習するのは鼻母音です。[n] や [ng] がつく母音のことで，全部で 16 個あります。以下の表を見ながら練習してみましょう。次の表の下線がある母音は発音のしかたが特殊なので，発音方法をきちんと理解して練習をしましょう。

n で終わる鼻母音　〈日本語の案内の「ン」〉

an	en	in (yin)	ian (yan)
「アン」と発音する。	「エン」と発音する。	「イン」と発音する。	「イエン」と発音する。
uan (wan)	uen (wen)	ün (yun)	üan (yuan)
唇を丸めて「ウアン」と発音する。	唇を丸めて「ウエン」と発音する。	横笛を吹くときの口をつくり，「イン」と発音する。	横笛を吹くときの口をつくり，「イアン」と発音する。

※（　　）は前に子音がこないで，母音だけで音節をつくるときの表記です。

ng で終わる鼻母音　〈日本語の案外の「ン」〉

ang	eng	ing (ying)	iang (yang)
「アン」と発音する。発音後，口を開けたままにする。	単母音「e」の口の形をして，喉の奥から「オン」と発音する。	発音後，口を開けたままにするため，「イ」と「ン」の間に曖昧な音が入る。	「イアン」と発音。発音後，口を開けたままにする。
uang (wang)	ueng (weng)	iong (yong)	ong
唇を丸めて「ウアン」と発音。発音後，口を開けたままにする。	唇を丸めて「ウォン」と発音。前に子音がつくことはない。	「イオン」と発音。発音後，口を開けたままにする。	唇を丸めて「オン」と発音。発音後，口を開けたままにする。

※（　　）は前に子音がこず，母音だけで音節をつくるときの表記です。

「案外」と「案内」の「ん」

　実は日本語にも，意識していないものの 2 つの「ン」があります。1 つは「案内」というときの「ン」で，発音を終えたとき，口は開いたままにしません。舌先はどこにもつけません。もう 1 つは「案外」というときの「ン」で，発音を終えたとき，口は開いたままで，舌先を上の歯茎につけます。

基本練習

→ 答えは別冊002ページ

答え合わせが終わったら,
音声に合わせて中国語を音読しましょう。

🔊 声調の違いに気をつけながら,音声に合わせて発音練習しましょう。

- -

⑴ ān, āng, uēn, uēng

⑵ ián, iáng, üǎn, ǜn

⑶ ǐn, īng, iòng, uáng

🔊 音声を聞いて,聞こえた音節の右にある（　　）に〇を書きましょう。

- -

⑷ iǎn （　　　　）　　　iǎng （　　　　）

⑸ ǜn （　　　　）　　　üàn （　　　　）

⑹ ēng （　　　　）　　　uēng （　　　　）

⑺ uáng （　　　　）　　　uán （　　　　）

8 発音のしかた②

　中国語では，2つの音節が並ぶとき，声調が本来のものと違ったものに変化することがあります。それを「変調」といいます。ここでは，その変調の代表的な例を2つ紹介します。

①第三声 + 第三声　→　第二声 + 第三声

　第三声と第三声が連続するとき，前の第三声は第二声に変調します。このとき，<u>声調記号は，変調していない本来のものを書きます</u>が，読むときは第二声で読みます。

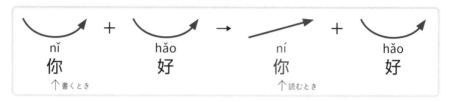

②"一" と "不" の変調

　"一" と "不" は，うしろにくる音節の声調によって声調が変化します。ここでは "一" を例に，変調について見ていきましょう。"不" も "一" と似た変調をしますが，それについては p.36 で学びます。

　数字を表す "一" の声調はもとは第一声ですが，うしろにくる音節の声調によって次のように変化します。<u>声調記号は変調したものをそのまま書きます</u>。

「一」〔yī〕と読むとき

・末尾にくるとき ………………………………………………十一 〔shíyī〕
・序数, 数字を1つずつ読むとき（詳しくはp.60へ）

　　　　　　　　　　　　　…………………………………第 一 〔dì yī〕

「一」+ 第一声・第二声・第三声の語　→　一 〔yì〕

一 〔yì〕	千 〔qiān〕	1,000	第一声の音節
	年 〔nián〕	〜年	第二声の音節
	百 〔bǎi〕	100	第三声の音節

「一」+ 第四声の語　→　一 〔yí〕

| 一 〔yí〕 | 万 〔wàn〕 | 10,000 | 第四声の音節 |

　数字の表現のしかたについては，p.56 で詳しく学びます。そのときに "一" の変調をもう一度思い出して発音をしましょう。

基 本 練 習

答えは別冊002ページ
答え合わせが終わったら，
音声に合わせて中国語を音読しましょう。

🔊 声調の違いに気をつけながら，音声に合わせて発音練習しましょう。

(1) **yǔsǎn，Fǎyǔ，diǎnlǐ，Měnggǔ**

雨伞　　　法语　　　典礼　　　蒙古
（傘）　（フランス語）（式典）　（モンゴル）

(2) **yíwàn，shíyī，yìbǎi，yìqǐ**

一万　　　十一　　　一百　　　一起
（1万）　　（11）　　（100）　（一緒に）

(3) **dì yī kè，yí kuài，yìbān，yìzhí**

第 一 课　　一 块　　一 般　　一 直
（第一課）　（1元）　（ふつう）　（ずっと）

🔊 音声を聞いて，聞こえた "一" の声調をピンインで答えましょう。

(4) **yitiān** （　　　）　一天 （1日間）

(5) **yishí** （　　　）　一时 （一時 / ひととき）

(6) **yixià** （　　　）　一下 （ちょっと）

(7) **yigòng** （　　　）　一共 （全部で）

中国語音節表

子音\母音	a	o	e	-i	er	ai	ei	ao	ou	an	en	ang	eng	ong	i	ia	ie
−	a	o	e		er	ai	ei	ao	ou	an	en	ang	eng		yi	ya	ye
b	ba	bo				bai	bei	bao		ban	ben	bang	beng		bi		bie
p	pa	po				pai	pei	pao	pou	pan	pen	pang	peng		pi		pie
m	ma	mo	me			mai	mei	mao	mou	man	men	mang	meng		mi		mie
f	fa	fo					fei		fou	fan	fen	fang	feng				
d	da		de			dai	dei	dao	dou	dan	den	dang	deng	dong	di		die
t	ta		te			tai		tao	tou	tan		tang	teng	tong	ti		tie
n	na		ne			nai	nei	nao	nou	nan	nen	nang	neng	nong	ni		nie
l	la		le			lai	lei	lao	lou	lan		lang	leng	long	li	lia	lie
g	ga		ge			gai	gei	gao	gou	gan	gen	gang	geng	gong			
k	ka		ke			kai	kei	kao	kou	kan	ken	kang	keng	kong			
h	ha		he			hai	hei	hao	hou	han	hen	hang	heng	hong			
j															ji	jia	jie
q															qi	qia	qie
x															xi	xia	xie
zh	zha		zhe	zhi		zhai	zhei	zhao	zhou	zhan	zhen	zhang	zheng	zhong			
ch	cha		che	chi		chai		chao	chou	chan	chen	chang	cheng	chong			
sh	sha		she	shi		shai	shei	shao	shou	shan	shen	shang	sheng				
r			re	ri				rao	rou	ran	ren	rang	reng	rong			
z	za		ze	zi		zai	zei	zao	zou	zan	zen	zang	zeng	zong			
c	ca		ce	ci		cai	cei	cao	cou	can	cen	cang	ceng	cong			
s	sa		se	si		sai		sao	sou	san	sen	sang	seng	song			

ian	in	iang	ing	iong	u	ua	uo	uai	uei	uan	uen	uang	ueng	ü	üe	üan	ün
yan	yin	yang	ying	yong	wu	wa	wo	wai	wei	wan	wen	wang	weng	yu	yue	yuan	yun
bian	bin		bing		bu												
pian	pin		ping		pu												
mian	min		ming		mu												
					fu												
dian			ding		du		duo		dui	duan	dun						
tian			ting		tu		tuo		tui	tuan	tun						
nian	nin	niang	ning		nu		nuo			nuan				nü	nüe		
lian	lin	liang	ling		lu		luo			luan	lun			lü	lüe		
					gu	gua	guo	guai	gui	guan	gun	guang					
					ku	kua	kuo	kuai	kui	kuan	kun	kuang					
					hu	hua	huo	huai	hui	huan	hun	huang					
jian	jin	jiang	jing	jiong										ju	jue	juan	jun
qian	qin	qiang	qing	qiong										qu	que	quan	qun
xian	xin	xiang	xing	xiong										xu	xue	xuan	xun
					zhu	zhua	zhuo	zhuai	zhui	zhuan	zhun	zhuang					
					chu	chua	chuo	chuai	chui	chuan	chun	chuang					
					shu	shua	shuo	shuai	shui	shuan	shun	shuang					
					ru	rua	ruo		rui	ruan	run						
					zu		zuo		zui	zuan	zun						
					cu		cuo		cui	cuan	cun						
					su		suo		sui	suan	sun						

復習テスト

→ 答えは別冊002ページ

答え合わせが終わったら，
音声に合わせて中国語を音読しましょう。

リスニング
問題の音声も
ここから。

1 発音を聞いて，読まれた母音をピンインで答えましょう。

(1) ＿＿＿＿＿＿＿＿　　(2) ＿＿＿＿＿＿＿＿　　(3) ＿＿＿＿＿＿＿＿

(4) ＿＿＿＿＿＿＿＿　　(5) ＿＿＿＿＿＿＿＿　　(6) ＿＿＿＿＿＿＿＿

2 発音を聞いて，読まれた声調をピンインの上につけましょう。

(1) ai　　　　　　(2) ye　　　　　　(3) yao

(4) yue　　　　　(5) wai　　　　　(6) yun

(7) kuai　　　　　(8) rou　　　　　(9) chuang

3 発音を聞いて，読まれた方に○をつけましょう。

(1) （　）shī　　　(2) （　）duō　　　(3) （　）ché

（　）xī　　　　　（　）dōu　　　　（　）zhé

(4) （　）fǎn　　　(5) （　）yān　　　(6) （　）qù

（　）hǎn　　　　（　）yāng　　　　（　）chù

省略された特殊なピンイン

ピンインには，本来の発音の文字を省略した表記通りでない発音があります。

① ü の "··" を省略するもの

子音の "j" "q" "x" のうしろに "ü" がくるとき，"··" を省略して "u" と書きます。

例　ju と表記されている場合⇒実際は "jü" と発音します。

☞音節表の "j" "q" "x" と "ü" "üe" "üan" "ün" の組み合わせのところを見てみましょう。

② "o" と "e" を省略するもの

音節の組み合わせが，"子音＋iou, uei, uen" のとき，"o" と "e" を省略して以下のように表記します。

子音＋iou ⇒子音＋iu　　diu, niu, liu, jiu, qiu, xiu など

子音＋uei ⇒子音＋ui　　dui, hui, shui, zui, sui など

子音＋uen ⇒子音＋un　　dun, lun, chun, sun など

r化について

中国語の普通話（標準語）には単語の語尾で舌をそり上げて発音する語があります。その現象のことを「r化」といいます。表記は「名詞など＋"儿"（児の簡体字）」と書きます。発音はその後の最後の発音に舌をそり上げる音を加えるのですが，以下のような特殊な読み方もありますので注意しましょう。

① zi, ci, si, zhi, chi, shi, ri のあとがr化するとき　名詞＋er と読みます。事儿shìr

② 前の単語が "i" "n" で終わるとき，"i" "n" は読みません。玩儿wánr

9 私は田中です。

中国語の文には英語の be 動詞と同じような働きをする動詞があります。それは"是[shì]"です。"是"は「イコール」でつなぐ働きがあります。そのため「A +"是"+ B」で「A は B である。(A = B)」の意味で使うことができます。

私は田中です。
我 是 田中。
[Wǒ shì Tiánzhōng.]
└─「=」の働きをしている

我 = 田中

「英語の be 動詞は，主語によって形が変わりますが，中国語の"是"は前後にどんな単語がきても絶対に変わりません。そのため，A，B がどんな単語であっても，簡単に文をつくることができます。

佐藤さんは日本人です。
佐藤 是 日本人。
[Zuǒténg shì Rìběnrén.]

ここでは
佐藤 = 日本人

彼は先生です。
他 是 老师。
[Tā shì lǎoshī.]

ここでは
他 = 老师

彼らはアメリカ人です。
他们 是 美国人。
[Tāmen shì Měiguórén.]

ここでは
他们 = 美国人
↑
複数も OK

基本練習

⊙ 答えは別冊002ページ

答え合わせが終わったら,
音声に合わせて中国語を音読しましょう。

第2章

（　）内の語を並べかえて，文を完成させましょう。

⑴　私は韓国人です。

（　是　／　韓国人 Hánguórén　／　我）

韓国人

拼音 [　　　　　　　　　　　　　　　　　　　　　　].

_____。

⑵　彼女はイギリス人です。

（　她 tā　／　英国人 Yīngguórén　／　是　）

彼女　　　　　　　　イギリス人

拼音 [　　　　　　　　　　　　　　　　　　　　　　].

_____。

⑶　斉藤さんは日本人です。

（　日本人　／　是　／　斉藤 Qíténg　）

拼音 [　　　　　　　　　　　　　　　　　　　　　　].

_____。

031

10 私／あなた／彼／彼女など

前回，"我（私）""他（彼）"などが出てきました。これらを人称代名詞といいます。

"您"は目上の方を示すときに使います。物や動物を示すときは"它"を使います。

次に，その複数形を学びましょう。複数を表現するには，"我"などのうしろに"们"[men]"をつけます。

"我们"と"咱们"は，話し相手が含まれているかどうかで使い分けます。"我们"は「話している人」と「その他の人」「その話を聞いている人」を指すとき，"咱们"は「話している人」と「その話を聞いている人」を指すときに使います。

また，「あなたたち」の場合，目上の方々であっても"你们"といいます。"您们"ではないので注意しましょう。

中国語の人称代名詞は，どんな場合も変化しません。

目的語になっても　铃木 是 我。　鈴木は私です。
[Língmù shì wǒ.]

複数形の場合も　咱们 是 同学。　私たちはクラスメートです。
[Zánmen shì tóngxué.]

基本練習

→ 答えは別冊003ページ

答え合わせが終わったら,
音声に合わせて中国語を音読しましょう。

空欄を埋めて，文を完成させましょう。

(1) あなたたちは学生です。

拼音 [　　　　　　　　　　　　　　　　　　　　　　　　] shì xuésheng.

_____ 是　学生。

(2) 劉さんは彼です。

拼音 Xiǎo-Liú shì [　　　　　　　　　　　　　　　　].

小刘　是 _____。

(3) 彼女たちは医者です。

拼音 [　　　　　　　　　　　　　　　　　　　　　] shì yīshēng.

_____ 是　医生。

(4) 彼女は李寧さんで，私たちはルームメイトです。

拼音 [　　　　] shì Lǐ Níng, [　　　　　　　　] shì tóngwū.

_____ 是　李宁, _____ 是　同屋。
ルームメイト

私は中国に行きます。

　この課では"是"以外の動詞の使い方を紹介します。中国語の基本語順は「誰／何が（主語）＋どうする（動詞）＋何を（目的語）」で，英語と同じです。ただし，「何を（目的語）」がない文もあります。

主語＋動詞の文

他　来。
↑　　↑
主語　動詞

彼は来る。
[Tā lái.]

主語＋動詞＋目的語の文

林老师　去　中国。
↑　　　　↑　　↑
主語　　　動詞　目的語

林先生は中国に行く。
[Lín lǎoshī qù Zhōngguó.]

　中国語には時制というものがなく，時間を表す言葉などでいつのでき事か判断します。

過去

昨天　我们　吃饭。
↑
昨日の出来事

昨日私たちはご飯を食べました。
[Zuótiān wǒmen chīfàn.]

現在

今天　我们　吃饭。
↑
今日の出来事

今日私たちはご飯を食べます。
[Jīntiān wǒmen chīfàn.]

未来

明天　我们　吃饭。
↑
明日の出来事

明日私たちはご飯を食べます。
[Míngtiān wǒmen chīfàn.]

基本練習

答えは別冊003ページ
答え合わせが終わったら，
音声に合わせて中国語を音読しましょう。

（　　）内の語を並べかえて，文を完成させましょう。

(1) 私は英語を話します。

（　我　／　英语 Yīngyǔ　／　说 shuō　）
　　　　　　　　　英語　　　　　　　　　　話す

拼音 [　　　　　　　　　　　　　　　　　　　　　　　　　].

_____ 。

(2) 私は手紙を書きます。

（　写 xiě　／　信 xìn　／　我　）
　　書く　　　　　手紙

拼音 [　　　　　　　　　　　　　　　　　　　　　　　　　].

_____ 。

(3) あなたは日本に来ます。

（　来　／　你　／　日本 Rìběn　）

拼音 [　　　　　　　　　　　　　　　　　　　　　　　　　].

_____ 。

12 私はフランス人ではありません。

　次は中国語の否定文を学びましょう。否定文は動詞の直前に副詞（動詞を修飾する語）の "不〔bù〕" を置くだけでつくることができます。どんな動詞でも基本的に "不" を使います。

他 是 法国人。　　彼はフランス人です。
[Tā shì Fǎguórén.]

他 不 是 法国人。　　彼はフランス人ではありません。
[Tā bú shì Fǎguórén.]

動詞の前に "不"
をつけるだけ！

　"不" の声調には，発音のルールがあります。"不" の声調はもともと第四声ですが，うしろにくる語の声調が第四声の場合は，第二声に変化します。

第四声の不〔bù〕		
	喝 [hē]（飲む）　第一声	
不 [bù]	来 [lái]（来る）　第二声	
	走 [zǒu]（歩く・行く）　第三声	

第二声の不〔bú〕		
	去 [qù]（行く）　第四声	
不 [bú]	是 [shì]（～は～である）　第四声	

基本練習

⊙答えは別冊003ページ
答え合わせが終わったら,
音声に合わせて中国語を音読しましょう。

次の中国語を否定文に書き換えましょう。

⑴　私はフランス人です。

我　是　法国人。

拼音 [　　　　　　　　　　　　　　　　　　　　　　　　].

_____。

⑵　あなたはコーヒーを飲みます。

你　喝　咖啡 kāfēi。
コーヒー

拼音 [　　　　　　　　　　　　　　　　　　　　　　　　].

_____。

⑶　彼は日本へ来ます。

他　来　日本。

拼音 [　　　　　　　　　　　　　　　　　　　　　　　　].

_____。

13 あなたは日本へ行きますか？

"吗"を使った疑問文

　「あなたは医者です」のような普通の文に対して，「あなたは医者ですか？」のように質問する文を「疑問文」といいます。中国語でこのような疑問文をつくるとき，文末に"～吗［ma］?"をつけるだけで表現できます。文末に"吗"をつける疑問文は，語順を変えたり，末尾を上げ調子で読む必要はありません。

普通の文	你 去 日本。	あなたは日本へ行きます。
	[Nǐ qù Rìběn.]	
疑問文	你 去 日本 吗?	あなたは日本へ行きますか？
	[Nǐ qù Rìběn ma?]	

　このような疑問文に，「はい」か「いいえ」で答えますが，中国語では次のように答えます。

 你 是 中国人 吗? あなたは中国人ですか？
[Nǐ shì Zhōngguórén ma?]

肯定文	はい。／そうですよ。	
	是。[Shì.]／是 啊。[Shì a.]	
否定文	いいえ。 ↑よく使う表現	
	不。[Bù.]／不 是。[Bú shì.]	

你 喜欢 唱 歌儿 吗? あなたは歌を歌うことが好きですか？
[Nǐ xǐhuan chàng gēr ma?]

肯定文	はい。／そうですよ。	
	喜欢。[Xǐhuan.]／喜欢 啊。[Xǐhuan a.]	
否定文	いいえ。	
	不。[Bù.]／不 喜欢。[Bù xǐhuan.]	

　「はい」は，疑問文で使った動詞で答えます。語気を和らげる"啊"をつけるとやわらかい表現になります。

　「いいえ」は否定の"不"もしくは「"不"＋疑問文で使った動詞」の形で答えます。

基本練習

→ 答えは別冊003ページ
答え合わせが終わったら，
音声に合わせて中国語を音読しましょう。

次の質問に中国語で答えましょう。①「はい／そうですよ」，②「いいえ」
の両方を答えましょう。

- -

(1)　あなたは看護師ですか？

你　是　护士 hùshi　吗？
　　　　　看護師

拼音　① [　　　　　　　　　].　　② [　　　　　　　　　　].

①　はい：＿＿＿＿＿＿＿＿＿。② いいえ：＿＿＿＿＿＿＿＿＿。

- -

(2)　あなたは郵便局に行きますか？

你　去　邮局 yóujú　吗？
　　　　　郵便局

拼音　① [　　　　　　　　　].　　② [　　　　　　　　　　].

①　はい：＿＿＿＿＿＿＿＿＿。② いいえ：＿＿＿＿＿＿＿＿＿。

- -

(3)　彼らは大学に来ますか？

他们　来　大学 dàxué　吗？
　　　　　　大学

拼音　① [　　　　　　　　　].　　② [　　　　　　　　　　].

①　はい：＿＿＿＿＿＿＿＿＿。② いいえ：＿＿＿＿＿＿＿＿＿。

14 あなたは肉まんを食べますか？

中国語の疑問文には前回学んだ "吗" を使うものとともに，「反復疑問文」というものがあります。「反復疑問文」は，動詞の肯定形と否定形の両方を並べて表現します。

"吗" の疑問文

你 吃 包子 吗？　あなたは肉まんを食べますか？
[Nǐ chī bāozi ma?]

‖ 意味は同じ！

反復疑問文

你 吃 不 吃 包子？　あなたは肉まんを食べますか？
　　↑　↑
　　肯定　否定
[Nǐ chī bu chī bāozi?]
　　↑
　軽声になる

反復疑問文内の "不" は軽く読みますので注意しましょう。また，"吗" を使う疑問文と反復疑問文は同じ意味のため，どちらを使っても問題ありません。そして答え方も "吗" のときと変わりません。（→ p.38 を参照）

上の例では目的語（何を～）が反復疑問文内の否定のうしろにきていますが，下のように否定の前に持ってくることもできます。こちらでも意味は変わりません。

肯定 + 否定 + 目的語

你 喝 不 喝 啤酒？　あなたはビールを飲みますか？
　　　　　↑
　　　　目的語
[Nǐ hē bu hē píjiǔ?]

‖ 意味は同じ！

肯定 + 目的語 + 否定

你 喝 啤酒 不 喝？　あなたはビールを飲みますか？
　　　↑
　目的語はここでも OK
[Nǐ hē píjiǔ bu hē?]

基本練習

→答えは別冊003ページ

答え合わせが終わったら,
音声に合わせて中国語を音読しましょう。

（　　）内の指示に従って，日本語を中国語にしましょう。

---

(1) （あなたは）傘を持っていきますか？（反復疑問文に）

持っていく：带 dài　傘：雨傘 yǔsǎn

拼音 [　　　　　　　　　　　　　　　　　　　　　　　]?

_____?

---

(2) 彼は漢方薬を飲みますか？（反復疑問文に）

（薬を）飲む：吃 chī　漢方薬：中药 zhōngyào

拼音 [　　　　　　　　　　　　　　　　　　　　　　　]?

_____?

---

(3) （あなたは）トイレに行きますか？（"吗" を使って）

行く：上 shàng　トイレ：厕所 cèsuǒ

拼音 [　　　　　　　　　　　　　　　　　　　　　　　]?

_____?

---

(4) 彼らはおかゆを食べますか？（"吗" を使って）

（おかゆを）食べる：喝 hē　おかゆ：粥 zhōu

拼音 [　　　　　　　　　　　　　　　　　　　　　　　]?

_____?

復習テスト

リスニング
問題の音声も
ここから。

→ 答えは別冊003ページ

答え合わせが終わったら，
音声に合わせて中国語を音読しましょう。

1 音声の問いに対して答えてみましょう。

拼音 [   ].

_____ 。

2 下の語群から語を選び，文を完成させましょう。

(1) 彼はロシア語を話します。

拼音 Tā [   ] Éyǔ.

他 _____ 俄语。

ロシア語

(2) あなたは紅茶を飲みますか？ ― いいえ。

拼音 Nǐ hē hóngchá [   ]? ― Bù [   ].

你　喝　红茶 _____? ‐不 _____。

紅茶

(3) 彼らはドイツに行きますか？

拼音 Tāmen qù [   ] Déguó?

他们　去 _____ 德国?

ドイツ

| 吗 [ma] | 说 [shuō] | 不 [bu] | 喝 [hē] | 去 [qù] |

3 日本語を中国語にしましょう。

(1) 私は日本人です。

拼音 [   ].

_____ 。

(2) あなたはご飯を食べますか？ ― はい。

拼音 [   ].

_____ ? ― _____ 。

(3) 彼女は手紙を書きません。

拼音 [   ].

_____ 。

中国の外来語

　中国語には，ひらがなのような音を表す文字がありません。そのため，外来語を表記するときはその音に近い漢字を当てて言い表します。ドイツ "德国 [Déguó]"，イギリス "英国 [Yīngguó]" などはそれぞれの発音から字を当てています。商標の「コカ・コーラ」は喉が詰まりそうな音ですが，"可口可乐 [Kěkǒukělè]" といいます。漢字は意味を持っているので，これは「口によろしく楽しむべし」という絶妙な意味も持ちます。

15 パンダはかわいい。

　この課では，形容詞の使い方を 2 つ学びます。1 つ目は「パンダはかわいい」というような形容詞が述語になる用法です。このとき，中国語も「パンダは（主語）＋かわいい（述語）」の語順ですが，形容詞の前に必ず副詞（形容詞を修飾する語）の"很［hěn］（とても）"などを入れます。

前の名詞を修飾

主語 ＋ 很［hěn］（とても）
特別［tèbié］（特に）
非常［fēicháng］（非常に） ＋ 形容詞

「とても」という意味を持たないときも"很"を使う
↓

熊猫 很 可爱。 ［Xióngmāo hěn kě'ài.］
パンダはかわいい。

パンダ可愛い　そうだね

　この"很"は「とても」という意味の副詞ですが，形容詞の前に置いて文をいい切る役割があり，意味を持たないこともあります。「とても」の意味で使うときは"很"を強く発音します。疑問文と否定文は次のように表します。

疑問文

你 夫人 忙 吗?　　もしくは　　**你 夫人 忙 不 忙?**
［Nǐ fūrén máng ma?］　　　　　　　　　［Nǐ fūrén máng bu máng?］
あなたの奥さんは忙しいですか？

否定文

她 不 忙。　　彼女は忙しくないです。
［Tā bù máng.］

疑問文のとき
"很"は不要です

　2 つ目は「厚い本」の「厚い」のようにうしろの名詞を修飾する使い方です。このとき，"副詞＋形容詞＋的＋名詞"の形になり，形容詞と名詞の間に必ず"的"が入ります。

うしろの名詞を
修飾

很［hěn］（とても）
特別［tèbié］（特に）
非常［fēicháng］（非常に）　　＋形容詞　＋的　＋名詞
　　　　　　　　　　　　　　　　　　　［de］
　　　　　　　　　　　　　　　　　　　↑
　　　　　　　　　　　　　　　　　　必ず入れる

很 厚 的 书　厚い本
［hěn hòu de shū］

基本練習

→ 答えは別冊004ページ

答え合わせが終わったら，
音声に合わせて中国語を音読しましょう。

日本語を中国語に訳しましょう。

(1) 北海道の冬は寒い。

北海道：北海道 Běihǎidào　冬：冬天 dōngtiān　寒い：冷 lěng

拼音 [　　　　　　　　　　　　　　　　　　　　　].

_____。

(2) 今年の夏は暑くない。

今年：今年 jīnnián　夏：夏天 xiàtiān　暑い：热 rè

拼音 [　　　　　　　　　　　　　　　　　　　　　].

_____。

(3) とても大きなかぼちゃはおいしくない。

大きい：大 dà　かぼちゃ：南瓜 nánguā

（食べ物が）おいしい：好吃 hǎochī

拼音 [　　　　　　　　　　　　　　　　　　　　　].

_____。

(4) 中国語の発音は難しいですか？（"吗" を使って）

中国語：汉语 Hànyǔ　発音：发音 fāyīn　難しい：难 nán

拼音 [　　　　　　　　　　　　　　　　　　　　　]?

_____？

16 私も〜です。／私たちはみんな〜。

　ここでは「〜も」という意味の "也 [yě]" と「みんな」という意味の "都 [dōu]" という副詞（動詞を修飾する語）を学びましょう。中国語の副詞は動詞の前に置きます。まずは「〜も」の "也" の使い方を見ていきましょう。

> 私もコンピューターを買います。
> # 我 也 买 电脑。
> [Wǒ yě mǎi diànnǎo.]

　次は "都" です。"都" は話題に出てくるものの「すべて」を示します。この文の否定形は次の2つが考えられますが，"不" がどこにかかるかによって意味が違ってきます。

肯定

私たちは皆，お酒を飲みます。
我们 都 喝 酒。
[Wǒmen dōu hē jiǔ.]

全部否定

彼女たちは皆，お酒を飲みません。
她们 都 不 喝 酒。
[Tāmen dōu bù hē jiǔ.]

部分否定

彼女たちが皆，お酒を飲むとは限りません。
她们 不 都 喝 酒。
[Tāmen bù dōu hē jiǔ.]

基本練習

⇨ 答えは別冊004ページ

答え合わせが終わったら，
音声に合わせて中国語を音読しましょう。

（　）内の語を並べかえて，文を完成させましょう。

(1) あなたはテレビも買いますか？ ― はい。

（ 也 ／ 电视 diànshì ／ 买 ／ 吗 ／ 你 ）
　　　　　テレビ

拼音 [　　　　　　　　　　　　　　　　　　　　　　　　]? ― Mǎi.

＿＿＿＿＿＿＿＿＿＿＿＿＿＿＿＿＿＿＿？－买。

(2) 彼らは皆，コーヒーを飲みません。

（ 不 ／ 他们 ／ 咖啡 kāfēi ／ 喝 ／ 都 ）
　　　　　　　　コーヒー

拼音 [　　　　　　　　　　　　　　　　　　　　　　　　].

＿＿＿＿＿＿＿＿＿＿＿＿＿＿＿＿＿＿＿＿。

(3) 彼女たちは皆フランス人であるとは限りません。

（ 法国人 Fǎguórén ／ 都 ／ 她们 ／ 是 ／ 不 ）
　　フランス人

拼音 [　　　　　　　　　　　　　　　　　　　　　　　　].

＿＿＿＿＿＿＿＿＿＿＿＿＿＿＿＿＿＿＿＿。

17 これ／あれ

中国語には「それ」に当たる表現がありません。自分に近いと思ったものを示すときは "这〔zhè〕（これ，それ）" を，遠いと感じたものを示すときは "那〔nà〕（あれ，それ）" を使います。

これ	それ	あれ
这 [zhè]		那 [nà]

这 是 雨伞。 これは傘です。
[Zhè shì yǔsǎn.]

那 是 雨衣。 あれはレインコートです。
[Nà shì yǔyī.]

「～はこれです。」のように「これ」「あれ」が目的語にくるときは "这个〔zhège〕" "那个〔nàge〕" を使います。このとき話し言葉では発音しやすくするために "这个〔zhèige〕" "那个〔nèige〕" といいます。（本書ではいずれか1つを記載しています。）

我 要 这个。
[Wǒ yào zhèige.]
私はこれがいります。
（＝これください。）

你 的 袜子 是 那个。
[Nǐ de wàzi shì nèige.]
あなたの靴下はあれです。

基本練習

→答えは別冊004ページ
答え合わせが終わったら,
音声に合わせて中国語を音読しましょう。

空欄を埋めて，文を完成させましょう。

---

(1) これはかばんです。

拼音 [   ] shì shūbāo.

＿＿＿＿＿＿＿＿＿＿＿＿＿＿＿ 是　书包。
　　　　　　　　　　　　　　　　　　 かばん

---

(2) あれは私の帽子です。

拼音 [   ] shì wǒ de màozi.

＿＿＿＿＿＿＿＿＿＿ 是　我　的　帽子。
　　　　　　　　　　　　　　　　　　　 帽子

---

(3) 彼の荷物はこれですか？

拼音 Tā de xíngli shì [   ] ma?

他　的　行李　是　＿＿＿＿＿＿ 吗?
　　　　　　荷物

---

(4) いいえ，あれです。

拼音 Bù, shì [   ].

不，是　＿＿＿＿＿＿＿＿＿＿＿＿＿ 。

---

(5) あれください。

拼音 Wǒ yào [   ].

我　要　＿＿＿＿＿＿＿＿＿＿＿＿＿ 。

18 私の自転車

～ + "的" + 名詞

中国語の "的" は「～の」という意味で,「～ + "的" + 名詞」の形で名詞を修飾します。「～」の部分にいろいろなものが入りますが,ここでは 2 つの用法を学びます。1 つ目は「名詞 + "的" + 名詞」の形です。

所有	我 的 自行车 私の自転車
	[wǒ de zìxíngchē]
限定	东京 的 春天 東京の春
	[Dōngjīng de chūntiān]

"的" は「人称代名詞("我" など) + "的" + 名詞(親族関係・所属関係)」という形のとき,省略することもできます。

親族	我 (的) 爸爸 私(の)父
	[wǒ (de) bàba]
	人称代名詞 ↑ 親族
	省略する
所属	你们 (的) 公司 あなたたち(の)会社
	[nǐmen (de) gōngsī]
	人称代名詞 ↑ 所属
	省略する

2 つ目は「動詞(もしくは動詞フレーズ) + "的" + 名詞」です。

動詞フレーズ(動詞 + 目的語)

跳舞 的 人 是 她 姐姐。 踊っている人は彼女の姉です。
[Tiàowǔ de rén shì tā jiějie.]

看 报纸 的 人 是 他 哥哥。 新聞を読んでいる人は彼の兄です。
[Kàn bàozhǐ de rén shì tā gēge.]

動詞フレーズ(主語 + 動詞)

你 看 的 杂志 是 我 的。 あなたが読んでいる雑誌は私のです。
[Nǐ kàn de zázhì shì wǒ de.]

日本語と同じように,名詞を省略して「～の」ということもできます。

这个 巧克力 是 我 的 (巧克力)。 このチョコレートは私の(チョコレート)です。
[Zhèige qiǎokèlì shì wǒ de (qiǎokèlì).]

基本練習

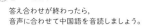

→答えは別冊004ページ
答え合わせが終わったら，
音声に合わせて中国語を音読しましょう。

（　　）内の語を並べかえて，文を完成させましょう。

- -

(1)　彼女は私の妹です。

（妹妹 mèimei ／ 是 ／ 她 ／ 我）
　妹

拼音 [　　　　　　　　　　　　　　　　　　　　　　　　　　　].

_____ 。

- -

(2)　この本は図書館のです。

（是 ／ 图书馆 túshūguǎn ／ 这 本 zhèi běn ／ 的 ／ 书）
　　　図書館　　　　　　　　　この本

拼音 [　　　　　　　　　　　　　　　　　　　　　　　　　　　].

_____ 。

- -

(3)　あなたが食べているラーメンは私のです。

（的 ／ 拉面 lāmiàn ／ 是 ／ 吃 ／ 的 ／ 我 ／ 你）
　　　ラーメン

拼音 [　　　　　　　　　　　　　　　　　　　　　　　　　　　].

_____ 。

19 私はあなたにプレゼントをあげます。

　今回は「（人など）に〜を贈る」や「（人など）に〜をたずねる」などのいい方を学習します。「贈る」という意味の"送 [sòng]"を例に見ていきましょう。

主語	動詞	目的語①	目的語②
我	送	你	礼物。

[Wǒ sòng nǐ lǐwù.]
私はあなたにプレゼントを贈ります。

　この表現の動詞は「〜に（目的語①）」「〜を（目的語②）」という具合に， 2つの目的語を取ります。このように2つの目的語を取ることができる動詞は限られているので，少しずつ覚えていきましょう。

2つの目的語が取れる動詞例

教える：教 [jiāo]	あげる：给 [gěi]	贈る：送 [sòng]
返す：还 [huán]	渡す：交 [jiāo]	受け取る：收 [shōu]
たずねる：问 [wèn]	伝える：告诉 [gàosu]	〜と呼ぶ：叫 [jiào]
貸す・借りる：借 [jiè]	知らせる：通知 [tōngzhī]	

　「〜を（目的語②）」の部分は，名詞，名詞フレーズの他，文になることもあるので気をつけましょう。

主語	動詞	目的語①		目的語②	
我	还	你	一	本	小说。

[Wǒ huán nǐ yì běn xiǎoshuō.]
私はあなたに1冊の小説を返します。

主語	動詞	目的語①	目的語②			
他	问	我	你	是	不	是	中国人。

[Tā wèn wǒ nǐ shì bu shì Zhōngguórén.]
彼は私にあなたが中国人かどうかとたずねました。

基本練習

→ 答えは別冊004ページ

答え合わせが終わったら，
音声に合わせて中国語を音読しましょう。

（　）内の語を並べかえて，文を完成させましょう。

(1) 私たちは杜甫を詩聖と呼びます。

（杜甫 Dù Fǔ ／ 诗圣 shīshèng ／ 叫 ／ 我们）
　　杜甫　　　　　　　詩聖

拼音 [　　　　　　　　　　　　　　　　　　　　　　　　　　].

_____ 。

(2) 彼女は私たちに明日は休みであると知らせました。

（通知 ／ 我们 ／ 她 ／ 明天 míngtiān ／ 休息 xiūxi）
　　　　　　　　　　　　　　明日　　　　　　　休み

拼音 [　　　　　　　　　　　　　　　　　　　　　　　　　　].

_____ 。

(3) 彼女は私にあなたが教師かどうかとたずねました。

（是 不 是 ／ 问 ／ 老师 ／ 你 ／ 她 ／ 我）

拼音 [　　　　　　　　　　　　　　　　　　　　　　　　　　].

_____ 。

復習テスト

リスニング
問題の音声も
ここから。

⊙答えは別冊005ページ

答え合わせが終わったら,
音声に合わせて中国語を音読しましょう。

第 3 章 の 復 習

1　音声の問いに対して答えてみましょう。

拼音 [　　　　　　　　　　　　　　　　　　　　　　　　　　　　].

_____。

2　下の語群から単語を選び, 文を完成させましょう。

(1)　私たちは皆, タバコを吸いません。

拼音 Wǒmen [　　　　　　　　　　　　　　　　] bù chōuyān.

我们 ＿＿＿＿＿＿＿＿＿ 不 抽烟。
　　　　　　　　　　　　　　タバコを吸う

(2)　私のかばんはこれです。

拼音 Wǒ de shūbāo shì [　　　　　　　　　　　　　　].

我 的 书包 是 ＿＿＿＿＿＿＿＿＿。
　　　　かばん

(3)　あなたは彼にこの本を借りましたか？

拼音 Nǐ [　　　　　　　　　　　] tā zhèi běn shū ma?

你 ＿＿＿＿＿＿＿ 他 这 本 书 吗?

借 [jiè]　　这个 [zhèige]　　都 [dōu]

3 日本語を中国語にしましょう。

(1) 孫先生の娘さんは非常に賢いです。

　　孫先生：孙 老师 Sūn lǎoshī　　娘さん：女儿 nǚ'ér　　賢い：聪明 cōngming

拼音 [　　　　　　　　　　　　　　　　　　　　　　　　　　　　　　].

_____ 。

(2) 私はワインも飲みます。

ワイン：葡萄酒 pútaojiǔ

拼音 [　　　　　　　　　　　　　　　　　　　　　　　　　　　　　　].

_____ 。

(3) これは私のボールペンです。あなたのはあれです。

ボールペン：圆珠笔 yuánzhūbǐ

拼音 [　　　　　　　　　　　　　　　　　　　　　　　　　　　　　　].

_____ 。

副詞の位置と2つの意味

　中国語は，決まったルールに従って単語を並べるだけで文をつくっていく独特な言語（孤立語）です。16課で副詞は動詞の前という語順を学びました。副詞 "也" は必ず動詞の前に来て，「私も餃子を食べる」を訳すと，"我也吃水饺." になります。では「私は水餃子も食べる」は何というでしょうか。これも "我也吃水饺." と同じ表現になります。両者は，それぞれ使われる場面によって意味を使い分ける必要があります。

20 数え方

中国語の数字は日本と同じ漢数字を使っていますが，数字表現は日本語と違うものがあります。まずは0〜10までの数字を見ていきましょう。

0	1	2	3	4	5
零[líng]	一[yī]	二[èr]	三[sān]	四[sì]	五[wǔ]
6	7	8	9	10	
六[liù]	七[qī]	八[bā]	九[jiǔ]	十[shí]	

次に11〜99（2桁）の数字です。表記は日本語と同じです。発音する際，"十"は軽声になることがあります。

11
十一 [shíyī]
このときは第二声

23
二十三 [èrshisān]

67
六十七 [liùshiqī]

数字の間に挟まれた"十"は軽声

100以上（3桁）の数字は，日本語と表現が違います。原則は「左からすべての数字を読む」です。3桁以上の数字は左から「1」も「0」もすべて読みます。101は"一百零一[yìbǎi líng yī]"になります。110は"一百一"のようにうしろの"十"は省略可能です。

100	200	304
一百 [yìbǎi]	二百 [èrbǎi]	三百零四 [sānbǎi líng sì]
560	789	
五百六（十）[wǔbǎi liù（shí）]	七百八十九 [qībǎi bāshijiǔ]	

"一"の声調は，うしろにくる漢字の声調によって変調します。（p.24を参照）

中国語の「2」には2つのいい方があります。数を数えるときは"二[èr]"を，量を伴ったものを示すときは"两[liǎng]"を用います。

基本練習

→ 答えは別冊005ページ
答え合わせが終わったら,
音声に合わせて中国語を音読しましょう。

次の数字を中国語にしましょう。

---

(1) 100

拼音 [   ]

_____

---

(2) 250

拼音 [   ]

_____

---

(3) 301

拼音 [   ]

_____

---

(4) 111

拼音 [   ]

_____

---

(5) 789

拼音 [   ]

_____

21 名詞の数え方

中国語でものを数えるとき，日本語と同じで単位をつける必要があります。例えば，本が2冊あるとします。これを表現するとき，日本語では「2冊の本」といいます。この「冊」にあたるものが量詞です。中国語も日本語と同じく，数字と名詞をつなぐとき，間に量詞を入れます。量詞は日本語と同じく名詞によって使い分けます。

私は2冊の本を買います。
我 买 两 本 书。
[Wǒ mǎi liǎng běn shū.]

数字と名詞の前に入れる

では，ここで代表的な量詞を見ていきましょう。（詳しくは p.120）

量詞	意味	使える名詞の例
个 [ge]	～個，～人	苹果 [píngguǒ]（りんご） 人 [rén]（人） 　　　　　　　　など
岁 [suì]	～歳	
件 [jiàn]	①～着 ②～件。事柄や事件を数えるときに使う。	①衣服 [yīfu]（服） ②事情 [shìqing]（事柄） 　　　　　　　　など
张 [zhāng]	①～枚 ②広い表面を持っているものを数えるときに使う。	①照片 [zhàopiàn]（写真） ②桌子 [zhuōzi]（テーブル） 　　　　　　　　など
只 [zhī]	～匹，～羽　　　　　など 動物や鳥を数えるときに使う。	鸭子 [yāzi]（あひる） 猫 [māo]（猫） 　　　　　　　　など

基本練習

→ 答えは別冊005ページ
答え合わせが終わったら，
音声に合わせて中国語を音読しましょう。

空欄を埋めて，文を完成させましょう。

---

(1) 私はコップを1つ買います。

拼音 Wǒ mǎi yí [　　　　　　　　　　　　　] bēizi.

我　买　一　＿＿＿＿＿＿＿＿＿　杯子。
　　　　　　　　　　　　　　　　　　　コップ

---

(2) 彼は10枚チケットを売ります。

拼音 Tā mài shí [　　　　　　　　　　　　　] piào.

他　卖　十　＿＿＿＿＿＿＿＿＿　票。
　　　売る　　　　　　　　　　　　　チケット

---

(3) 彼女たちの家には3匹の猫がいます。

拼音 Tāmen jiā yǒu sān [　　　　　　　　　] māo.

她们　家　有　三　＿＿＿＿＿＿＿＿＿　猫。
　　　家

---

(4) 王さんはコートを2着洗います。

拼音 Xiǎo-Wáng xǐ liǎng [　　　　　　　　] dàyī.

小王　洗　两　＿＿＿＿＿＿＿＿＿　大衣。
　　　洗う　　　　　　　　　　　　　コート

今回は中国語で日付や年号をどのように表現するかを見ていきます。

日付の表し方

まずは日付の表し方を実際の国民の祝日などを参考にしながら見ていきましょう。
中国語では「〜月〜日」の月を"●月 [yuè]"と，日を"●号 [hào]"と表します。

5月1日 労働節	五 月 一 号 [wǔ yuè yī hào]	2月14日 バレンタインデー	二 月 十四 号 [èr yuè shísì hào]
10月1日 国慶節	十 月 一 号 [shí yuè yī hào]	12月25日 クリスマス	十二 月 二十五 号 [shí'èr yuè èrshiwǔ hào]

年の表し方

日本語では2008年を「にせんはち年」と読みますが，中国語では「に，ぜろ，ぜろ，はち」と数字を1つずつ読みます。

2000年	二 零 零 零 年 [èr líng líng líng nián]	2022年	二 零 二 二 年 [èr líng èr èr nián]
2008年	二 零 零 八 年 [èr líng líng bā nián]	2100年	二 一 零 零 年 [èr yī líng líng nián]

今日，明日など

昨日，おとといの表現が特に紛らわしいので注意しましょう。

おととい	昨日	今日	明日	あさって
前天 [qiántiān]	昨天 [zuótiān]	今天 [jīntiān]	明天 [míngtiān]	后天 [hòutiān]

今年など

来年が"明年"になっています。

おととし	去年	今年	来年	再来年
前年 [qiánnián]	去年 [qùnián]	今年 [jīnnián]	明年 [míngnián]	后年 [hòunián]

基本練習

→ 答えは別冊005ページ

答え合わせが終わったら，
音声に合わせて中国語を音読しましょう。

空欄を埋めて，文を完成させましょう。

---

(1) 今日は 2023 年 11 月 12 日です。

拼音 Jīntiān [   ].

今天 ＿＿＿＿＿＿＿＿＿＿＿＿＿＿＿ 。

---

(2) 今年は 2024 年ですか？

拼音 Jīnnián shì [   ] ma?

今年　是 ＿＿＿＿＿＿＿＿＿＿＿＿ 吗?

---

(3) あさっては 12 月 1 日です。

拼音 Hòutiān [   ].

后天 ＿＿＿＿＿＿＿＿＿＿＿＿＿＿＿ 。

---

(4) 去年は 2001 年ではありませんでした。

拼音 Qùnián bú shì [   ].

去年　不　是 ＿＿＿＿＿＿＿＿＿＿ 。

---

(5) おとといは 4 月 1 日ではありませんでした。

拼音 Qiántiān bú shì [   ].

前天　不　是 ＿＿＿＿＿＿＿＿＿＿ 。

23 月曜日／今週など

前回は年号と日付のいい方を学びました。今回は曜日，「今週」「来月」，期間の表し方などのいい方を学びます。

曜日

月曜から土曜までの曜日は，「"星期［xīngqī］"＋数字」で表します。日曜日は "星期天" と "星期日" の2通りのいい方があります。

月曜日	火曜日	水曜日	木曜日
星期一	星期二	星期三	星期四
[xīngqīyī]	[xīngqī'èr]	[xīngqīsān]	[xīngqīsì]

金曜日	土曜日	日曜日
星期五	星期六	星期天／星期日
[xīngqīwǔ]	[xīngqīliù]	[xīngqītiān／xīngqīrì]

先週，来週など

「前の～」を表すときは "上"，「次の～」を表すときは "下" を使います。

先週	今週	来週
上（个）星期	这（个）星期	下（个）星期
[shàng (ge) xīngqī]	[zhè (ge) xīngqī]	[xià (ge) xīngqī]

先月	今月	来月
上（个）月	这（个）月	下（个）月
[shàng (ge) yuè]	[zhè (ge) yuè]	[xià (ge) yuè]

●日間など

●のところに数字を入れて，期間を表します。2を表すときは "二" ではなく "两" を使います。

●日間	●週間	●カ月	●年
● 天	● 个 星期	● 个 月	● 年
[～ tiān]	[～ ge xīngqī]	[～ ge yuè]	[～ nián]

基本練習

→答えは別冊006ページ
答え合わせが終わったら、
音声に合わせて中国語を音読しましょう。

空欄を埋めて、文を完成させましょう。

---

(1) 今日は月曜日です。

拼音 Jīntiān [　　　　　　　　　　　　　　　　].

今天 ＿＿＿＿＿＿＿＿＿＿＿＿＿＿＿＿＿＿＿。

---

(2) おとといは金曜日ではありませんでした。

拼音 Qiántiān bú shì [　　　　　　　　　　　　].

前天 不 是 ＿＿＿＿＿＿＿＿＿＿＿＿＿＿＿。

---

(3) 私は来週オーストラリアに行きます。

拼音 Wǒ [　　　　　　　　　　　] qù Àodàlìyà.

我 ＿＿＿＿＿＿＿＿＿＿＿ 去 澳大利亚。
オーストラリア

---

(4) 私は3日間病気でした。

拼音 Wǒ bìngle [　　　　　　　　　　　　　].

我 病了 ＿＿＿＿＿＿＿＿＿＿＿＿＿＿＿＿。
病気になる

24 7時10分

前回までは日付や曜日の表し方を学びました。今回は時刻の表現について学びます。「●時●分」と表すときは "●点 [diǎn] ●分 [fēn]" といいます。1～9分の時は「"零"＋数字」で表します。2時のときは "两"，2分・20分のときは "二" を使います。

> 3時　　　　三 点 [sān diǎn]
>
> 2時20分　　两 点 二十 分 [liǎng diǎn èrshí fēn]
>
> 11時2分　　十一 点 零二 (分) [shíyī diǎn líng'èr (fēn)]

日本語で8時30分を8時半と表すように，中国語にも特殊ないい方をする時間表現もあります。「●時30分」を表すときは "●点半 [bàn]" といいます。「●時15分」は "●点一刻 [yí kè]"，「●時45分」は "●点三刻 [sān kè]" と表現します。

> 8時半　　八 点 半 [bā diǎn bàn]
>
> 2時15分　两 点 一刻 [liǎng diǎn yí kè]
> 　　　　　＝两 点 十五 分 [liǎng diǎn shíwǔ fēn] でも OK
>
> 6時45分　六 点 三刻 [liù diǎn sān kè]
> 　　　　　＝六 点 四十五 分 [liù diǎn sìshiwǔ fēn] でも OK

●時間など時間の量を表すときは "● 个 小时 [ge xiǎoshí]" を使います。

> 2時間　　两 个 小时 [liǎng ge xiǎoshí]

1日の時間帯は以下のようにいいます。

朝	午前	正午	午後	夜
早上 [zǎoshang]	上午 [shàngwǔ]	中午 [zhōngwǔ]	下午 [xiàwǔ]	晚上 [wǎnshang]

基本練習

→ 答えは別冊006ページ
答え合わせが終わったら，
音声に合わせて中国語を音読しましょう。

空欄を埋めて，文を完成させましょう。

---

(1) 私は毎日7時にご飯を食べます。

拼音 Wǒ měitiān [   ] chīfàn.

我　每天　_____　吃饭。
　　　毎日

---

(2) 私は7時45分に彼女に会います。

拼音 Wǒ [   ] gēn tā jiànmiàn.

我　_____　跟　她　见面。
　　　　　　　　　　　　　　　　　　～に　　　　会う

---

(3) 彼女は毎日5時間寝ます。

拼音 Tā měitiān shuì [   ].

她　每天　睡　_____。
　　　　　　　寝る

---

(4) 今日の夜私はご飯を食べません。

拼音 Jīntiān [   ] wǒ bù chīfàn.

今天　_____　我　不　吃饭。

---

25 いくついりますか？

「いくつ」など数をたずねたいとき，中国語では " 几 [jǐ] " と " 多少 [duōshao] " の 2 つの言葉を使い分けます。

答えが**1 から 10** のときや上限があるとき 几 [jǐ]
答えが**どの数でもいい**とき 多少 [duōshao]

まずは " 几 " の使い方を紹介します。" 几 " は必ずうしろに量詞をつけて使います。「" 几 " ＋量詞＋ A（名詞）」の形にすると「いくつの A」という意味になり，次のような疑問文をつくることができます。

要 几 个? － 我 要 两 个。
[Yào jǐ ge?] [Wǒ yào liǎng ge.]
いくついりますか？ ― 2 つください。

你 要 几 张 票? － 我 要 一 张。
[Nǐ yào jǐ zhāng piào?] [Wǒ yào yì zhāng.]
何枚の切符がいりますか？ ― 1 枚ください。

次は " 多少 " の使い方を紹介します。" 多少 " は " 几 " 同様，名詞を続けられますが，量詞は省略できます。

要 多少? － 我 要 一百 个。
[Yào duōshao?] [Wǒ yào yìbǎi ge.]
いくついりますか？ ―100 個ください。

答えるときは量詞を必ず入れる

你们 班 有 多少 人? － 有 三十四 个 人。
[Nǐmen bān yǒu duōshao rén?] [Yǒu sānshisì ge rén.]
あなたのクラスには何人いますか？ ― 34 人います。

这个 多少 钱? － 两 块 钱 一 斤。
[Zhèige duōshao qián?] [Liǎng kuài qián yì jīn.]
これいくらですか？ ― 1 斤（500 g）2 元です。

基本練習

→ 答えは別冊006ページ

答え合わせが終わったら，
音声に合わせて中国語を音読しましょう。

空欄を埋めて，文を完成させましょう。

---

(1) あなたの学校に留学生は何人いますか？ ― 101人います。

拼音 Nǐmen xuéxiào yǒu [   ] liúxuéshēng? ― Yǒu yìbǎi líng yí rén.

你们 学校 有 ＿＿＿＿＿＿＿＿ 留学生？

－有 一百 零 一 人。

---

(2) 何枚いりますか？ ― 6枚ください。

拼音 Yào [   ]? ― Wǒ yào liù zhāng.

要 ＿＿＿＿＿＿＿＿？－我 要 六 张。

---

(3) あの烏龍茶はいくらですか？ ― 1本3元です。

拼音 Zhèi píng wūlóngchá [   ] qián? ― Sān kuài qián yì píng.

这 瓶 乌龙茶 ＿＿＿＿＿＿＿＿ 钱？
　　 ～本　 ウーロン茶

－三 块 钱 一 瓶。

---

(4) コーヒーください。 ― 何杯（いくつ）ですか？　　　　杯：杯 bēi

拼音 Yào kāfēi. ― Yào [   ]?

要 咖啡。－要 ＿＿＿＿＿＿＿＿？

26 今日は何月何日ですか？

日にち，年号，時間の聞き方と答え方

　今回は日付，曜日，時間のたずね方を学びます。まずは月，日，曜日，時間をたずねるときです。何月何日も何曜日も何時も数字を使って表しましたね。それらの数字には上限があるため，"多少" ではなく "几" を使います。

今日は何月何日ですか？ ― 今日は 10 月 31 日です。
今天 几 月 几 号?　［Jīntiān jǐ yuè jǐ hào?]
－今天 十 月 三十一 号。　［Jīntiān shí yuè sānshiyī hào.]

明日は何曜日ですか？ ― 明日は水曜日です。
明天 星期几?　［Míngtiān xīngqī jǐ?]
－明天 是 星期三。　［Míngtiān shì xīngqīsān.]

今何時ですか？ ― 今は 5 時 40 分です。
现在 几 点?　［Xiànzài jǐ diǎn?]
－现在 五 点 四十 分。　［Xiànzài wǔ diǎn sìshí fēn.]

年号を聞くときは "多少" ではなく，"哪一年 ［nǎ yì nián]" を使います。

あなたは何年生まれですか？ ― 1996 年生まれです。
你 是 哪 一 年 出生 的?　［Nǐ shì nǎ yì nián chūshēng de?]
－我 出生 于 一 九 九 六 年。　［Wǒ chūshēng yú yī jiǔ jiǔ liù nián.]

　何時間，何日間，何週間，何か月間などの期間（おおむね 10 以下）をたずねるときは "几" を使います。動詞と時間量（何時間など）は，「主語＋動詞＋時間量＋目的語」の語順になります。

あなたは中国語を何時間勉強しましたか？ ― 2 時間です。
你 学习 几 个 小时 汉语?　［Nǐ xuéxí jǐ ge xiǎoshí Hànyǔ?]
－两 个 小时。　［Liǎng ge xiǎoshí.]

基 本 練 習

→ 答えは別冊006ページ

答え合わせが終わったら,
音声に合わせて中国語を音読しましょう。

日本語を中国語にしましょう。

---

(1) あなたの誕生日は何月何日ですか？　　　　　　誕生日：生日 shēngrì

拼音 [　　　　　　　　　　　　　　　　　　　]?

_____ ?

---

(2) 9月6日です。

拼音 [　　　　　　　　　　　　　　　　　　　].

_____ 。

---

(3) 去年は何年でしたか？

拼音 [　　　　　　　　　　　　　　　　　　　]?

_____ ?

---

(4) あなたは何日間滞在しますか？— 3日間です。　　滞在する：呆 dāi

拼音 [　　　　　　　　　　　　　　　　　　　]?

_____ ?

拼音 [　　　　　　　　　　　　　　　　　　　].

— _____ 。

復習テスト

リスニング
問題の音声も
ここから。

→ 答えは別冊006ページ

答え合わせが終わったら，
音声に合わせて中国語を音読しましょう。

1 聞こえた単語をそのまま書きましょう。

拼音 [   ]

_____

2 下の語群から単語を選び，文を完成させましょう。

(1) 今日は何曜日ですか？

拼音 Jīntiān xīngqī [   ]?

今天　星期 _____?

(2) 今 2 時 2 分です。

拼音 Xiànzài [   ] diǎn líng èr fēn.

現在 _____ 点　零　二　分。

(3) あさっては水曜日ではありません。

拼音 Hòutiān bú [   ] xīngqīsān.

后天　不 _____ 星期三。

両 [liǎng]　　几 [jǐ]　　是 [shì]

3

日本語を中国語にしましょう。

(1) 明日は 2023 年 4 月 5 日金曜日です。

拼音 [ ]?

_____?

(2) あなたのクラスは何人いますか？ ― 40 人います。

クラス：班 bān

拼音 [ ].

_____? ― _____ 。

(3) 今日の午後，私は 2 時間勉強します。

拼音 [ ].

_____ 。

中国語の数字故事

古来中国は「世界は陰と陽という 2 つのものからできている」という世界観を持っています。標準語を含む北方の発音で，"四" は "死 [sǐ]" と同じ音になるため，忌むこともありますが，数字は偶数を好む傾向にあります。"六" は "流 [liú]" と同じ音のため物事が順調であることを示し，"八 [bā]" は "发（日本語の発）[fā]"（金が儲かる）と似た音のため縁起がいいです。車のナンバーでは「1688」が，"一路发发 [yílùfāfā]"（走るほど儲かる）の語呂合わせになり人気です。

27 どれがあなたの靴ですか？

p. 48では「これ」「それ」「あれ」を学びました。今回はそれらをたずねるときに使う「どれ」の表現を学びます。「どれが〜」と聞くときは "哪个 [nǎge]" を使います。話し言葉では "哪个[něige]" とも発音します。"这" や "那" とは違い, 必ずうしろに "个" がつくので気をつけましょう。

哪个 是 你 的 鞋子?
[Něige shì nǐ de xiézi?]
どれがあなたの靴ですか？

那 是 我 的 鞋子。
[Nà shì wǒ de xiézi.]
あれが私のです。

↖ "的" のうしろは省略可

"哪个" は,「どれが〜」以外にも「〜はどれ」のように使うことができます。そのときは目的語の位置（動詞のうしろ）に置きます。

你 要 哪个? あなたはどれがいりますか？
　動詞　目的語
[Nǐ yào něige?]

我 要 这个。 私はこれがいります。（これをください。）
[Wǒ yào zhèige.]

「どの人」のように, "哪" には名詞を修飾する用法もあります。そのとき, "哪" は「"哪" +量詞（"个" など）+名詞」という形になります。

哪个 人? [Něige rén?]　　　**这个 人。**[Zhèige rén.]
どの人？　　　　　　　　　　この人。

哪 本 书? [Něi běn shū?]　　**那 本 书。**[Nèi běn shū.]
どの本？　　　　　　　　　　あの本。

哪 件 衣服? [Něi jiàn yīfu?]　**这 件 衣服。**[Zhèi jiàn yīfu.]
どの服？　　　　　　　　　　この服。

基本練習

→答えは別冊006ページ
答え合わせが終わったら，
音声に合わせて中国語を音読しましょう。

空欄を埋めて，文を完成させましょう。

---

(1) どれが彼の辞書ですか？

拼音 [　　　　　　　　　　　　　　　] shì tā de cídiǎn?

_____ 是 他 的 词典?
辞書

---

(2) どの本があなたのですか？

拼音 [　　　　　　　　　　　　　　　] shì nǐ de?

_____ 是 你 的?

---

(3) 彼の荷物はどれですか？

拼音 Tā de xíngli shì [　　　　　　　　　　　　]?

他 的 行李 是 _____?
荷物

---

(4) どれがご入り用ですか？ — あれください。

拼音 Nǐ yào [　　　　　]? — Wǒ yào [　　　　　].

你 要 _____? – 我 要 _____。

---

(5) あなたはどの服を買いますか？ — この服を買います。

拼音 Nǐ mǎi [　　　　　] yīfu? — Wǒ mǎi [　　　　　] yīfu.

你 买 _____ 衣服? – 我 买 _____ 衣服。

28 これは何ですか？

疑問代詞 "什么"

　疑問文には，大きく分けて 2 つのタイプがあります。①は「はい」,「いいえ」を聞き出すもの，②は具体的な情報（いつ，どこ，誰，何など）を聞き出すものです。今回は②の中の「何？」をたずねる疑問文を学習します。中国語では "什么 [shénme]" を使います。

聞きたいものが目的語の位置にあるとき

这 是 什么?　これは何ですか？
[Zhè shì shénme?]

↑ たずねている

这 是 月饼。
[Zhè shì yuèbǐng.]　これは月餅です。

聞きたいものが主語の位置にあるとき

什么 是 哲学?　哲学とは何か？
[Shénme shì zhéxué?]

これ、何？　月餅だよ

　"什么" は「"什么" ＋名詞」の形で「何の〜」という意味の疑問文をつくることができます。決まった表現をいくつか紹介します。

什么时候 [shénme shíhou]　何の時　→　いつ

你 什么 时候 来 日本?　あなたはいつ日本に来ますか？
[Nǐ shénme shíhou lái Rìběn?]

什么名字 [shénme míngzi]　何の名前　→　何という名前

你 叫 什么 名字?　あなたは何という名前ですか？
[Nǐ jiào shénme míngzi?]　（フルネームをたずねる聞き方）

什么意思 [shénme yìsi]　何の意味　→　どういう意味

这 是 什么 意思?　これはどういう意味ですか？
[Zhè shì shénme yìsi?]

什么东西 [shénme dōngxi]　何のもの　→　どんなもの

这 是 什么 东西?　これはどんなものですか？
[Zhè shì shénme dōngxi?]

基本練習

→ 答えは別冊007ページ
答え合わせが終わったら,
音声に合わせて中国語を音読しましょう。

日本語を中国語にしましょう。

(1) あれは何ですか？ ― あれはヴァイオリンです。

ヴァイオリン：小提琴 xiǎotíqín

拼音 [ ]? ― [ ].

＿＿＿＿＿＿＿＿＿＿＿＿＿？ ― ＿＿＿＿＿＿＿＿＿＿＿＿＿。

(2) あなたが言ったのはどういう意味ですか？ 言う：说 shuō

拼音 [ ]?

＿＿＿＿＿＿＿＿＿＿＿＿＿＿＿＿＿＿＿？

(3) 彼女はいつ中国へ行きますか？

拼音 [ ]?

＿＿＿＿＿＿＿＿＿＿＿＿＿＿＿＿＿＿＿？

(4) あなたは何という名前ですか？ ― 私は朱語汐です。

朱語汐：朱语汐 Zhū Yǔxī

拼音 [ ]? ― [ ].

＿＿＿＿＿＿＿＿＿＿＿＿＿＿＿＿＿＿＿？

― ＿＿＿＿＿＿＿＿＿＿＿＿＿＿＿＿＿。

どのように？／どうですか？／どうして？

この課ではやり方や理由をたずねるときに使う "怎么 [zěnme]" を学んでいきましょう。"怎么" には3つの用法があります。それぞれ見ていきましょう。

1つ目は「どのように？」と方法をたずねるものです。

「どのように？」怎么 ＋ 動詞

去 故宫 怎么 走?

[Qù Gùgōng zěnme zǒu?]

故宫までどうやって行きますか？

2つ目は「どうですか？」と状況をたずねる用法です。

「どうですか？」怎么 ＋ 了

你 怎么 了?

[Nǐ zěnme le?]

どうしましたか？

3つ目は「どうして？」と原因や理由をたずねる用法です。

「どうして？」怎么 ＋（不，没など）＋ 動詞

你 怎么 不 来 呢?

[Nǐ zěnme bù lái ne?]

あなたはどうして来ないの？

「どうして？」と聞くときの表現にはもう1つ，"为什么 [wèishénme]" があります。2つは表すニュアンスが違います。"为什么" は，相手にその理由をきちんと説明してもらうような場合に使います。下の例では，「この料理が食べられない理由は何ですか？」と原因を追求しています。一方の "怎么" は，独り言で「なんでこの料理を食べないのだ，おいしいのに」のような不満の感情を含むときに使います。

你 为什么 不 吃 这个 菜?

[Nǐ wèishénme bù chī zhèige cài?]

あなたはどうしてこの料理を食べないのですか？

你 怎么 不 吃 这个 菜?

[Nǐ zěnme bù chī zhèige cài?]

あなたはどうしてこの料理を食べないのですか？

基本練習

→ 答えは別冊007ページ
答え合わせが終わったら，
音声に合わせて中国語を音読しましょう。

（　　）内の語を並べかえて，文を完成させましょう。

---

(1) 万里の長城までどうやって行きますか？

（ 长城 Chángchéng ／ 去 ／ 走 ／ 怎么 ）
　　万里の長城

拼音 [　　　　　　　　　　　　　　　　　　　　　　　　]?

＿＿＿＿＿＿＿＿＿＿＿＿＿＿＿＿＿＿＿＿＿？

---

(2) 漢字を使ってどうやって書きますか？

（ 汉字 Hànzì ／ 怎么 ／ 用 yòng ／ 写 ）
　　漢字　　　　　　　　　　　使う

拼音 [　　　　　　　　　　　　　　　　　　　　　　　　]?

＿＿＿＿＿＿＿＿＿＿＿＿＿＿＿＿＿＿＿＿＿？

---

(3) この腕時計はどうしてこんなに高いのですか？

（ 这个 ／ 这么 zhème ／ 手表 shǒubiǎo ／ 贵 guì ／ 怎么 ）
　　　　こんなに　　　　　腕時計　　　　高い

拼音 [　　　　　　　　　　　　　　　　　　　　　　　　]?

＿＿＿＿＿＿＿＿＿＿＿＿＿＿＿＿＿＿＿＿＿？

30 どのようですか？／どうですか？

前回学んだ "怎么 [zěnme]" には「どうですか？」と状況をたずねる用法がありました。今回は同じように状況をたずねることができる "怎么样 [zěnmeyàng]" について学びます。形容詞の文（p.44）と形は同じで，形容詞の位置に "怎么样" を置いて「～はどのようですか？」と聞きます。

这个 餐厅 的 菜 |怎么样|?
[Zhège cāntīng de cài zěnmeyàng?]
このレストランの料理はどうですか？

たずねている

这个 餐厅 的 菜 |很 好吃|。
[Zhège cāntīng de cài hěn hǎochī.]
このレストランの料理は（とても）おいしいです。

"你怎么样？「調子どう？」" と聞かれた場合は，"很好！「いいよ！」" のように形容詞を使って答えます。以前学んだように，形容詞は単独で使えないため，前に "很" や "非常" などの副詞（述語を修飾する語）を置かなければなりません。ここで，"怎么样" のほかの答え方を見ていきましょう。

「ものすごく～だ」
副詞 "太" ＋形容詞＋ "了"
太 好吃 了。　　ものすごくおいしいです。
[Tài hǎochī le.]

「あまり～ではない」
否定の "不" ＋副詞 "太" ＋形容詞
不 太 好吃。　　あまりおいしくありません。
[Bú tài hǎochī.]

"不错" は中国語で
高評価をする表現！

最高のほめ言葉
不错。　　すばらしいです。
[Búcuò.]

基本練習

→答えは別冊007ページ

答え合わせが終わったら,
音声に合わせて中国語を音読しましょう。

日本語を中国語にしましょう。

---

(1) 桂林の風景はどうですか？

桂林：桂林 Guìlín　風景：风景 fēngjǐng

拼音 [　　　　　　　　　　　　　　　　　　　]?

_____ ?

---

(2) ものすごくきれいです。　　　　きれいである：漂亮 piàoliang

拼音 [　　　　　　　　　　　　　　　　　　　].

_____ 。

---

(3) 天気はどうですか？　　　　　　　天気：天气 tiānqì

拼音 [　　　　　　　　　　　　　　　　　　　]?

_____ ?

---

(4) あまりよくありません。　　　　　よい：好 hǎo

拼音 [　　　　　　　　　　　　　　　　　　　].

_____ 。

31 誰？／あなたは？

"谁［shéi］"と省略疑問の"〜呢［ne］?"について学びましょう。「誰」とたずねたいとき，"谁"を使います。他の疑問代詞同様，語順を変えず，たずねたい場所に"谁"を置くと疑問文がつくれます。文末に"吗［ma］"を置かないように気をつけましょう。

A：谁 喜欢 吃 中国菜？
[Shéi xǐhuan chī Zhōngguócài?]
誰が中国料理を食べるのが好きですか？

先に聞かれた質問内容を受けて，「あなたは？」と聞き返すとき，「你呢?［Nǐ ne?］（名詞＋"呢"）」と表現します。例文を見ながら確認しましょう。

B：我 喜欢 吃。你 呢？　私は食べるのが好きです。あなたは？
[Wǒ xǐhuan chī. Nǐ ne?]
C：我 喜欢 吃 韩国菜。　私は韓国料理を食べるのが好きです。
[Wǒ xǐhuan chī Hánguócài.]

Bさんの"你呢?"は，最初の例のAさんがBさんにした質問を受けて，"你喜欢吃什么?"（あなたは何を食べるのが好きですか？）という内容を省略したものです。"呢"を使った例を他にもいくつか見てみましょう。

A：他 呢？　彼は？
[Tā ne?]
B：他 去 买 东西 了。　彼は買い物に行きました。
[Tā qù mǎi dōngxi le.]

"他呢?"は，そこにいない彼について"他去哪儿了?（彼はどこに行きましたか？）"などをたずねる内容を省略しています。

A：我 喝 茉莉花茶，你 呢？
[Wǒ hē mòlìhuāchá, nǐ ne?]
私はジャスミン茶を飲みますが，あなたは？
B：我 喝 乌龙茶。那（么），铃木 呢？
[Wǒ hē wūlóngchá. Nà (me), Língmù ne?]
私は烏龍茶を飲みます。それでは，鈴木さんは？

"你呢?"は"你喝什么茶?"を，"铃木呢?"は"铃木喝什么茶?"という質問を，それぞれ省略して表現しています。

基本練習

→ 答えは別冊007ページ

答え合わせが終わったら，
音声に合わせて中国語を音読しましょう。

日本語を中国語にしましょう。

---

(1) 彼は誰ですか？―彼は私の同僚です。　　　　　同僚：同事 tóngshì

拼音 [　　　　　　　　　　　　　　]? ― [　　　　　　　　　　　　　].

＿＿＿＿＿＿＿＿＿＿＿＿？ ― ＿＿＿＿＿＿＿＿＿＿＿＿。

---

(2) 誰があなたに中国語を教えますか？

教える：教 jiāo　　中国語：汉语 Hànyǔ

拼音 [　　　　　　　　　　　　　　　　　　　　　　]?

＿＿＿＿＿＿＿＿＿＿＿＿＿＿＿＿＿？

---

(3) 私は地下鉄で大学に行きます。あなたは？

地下鉄で（地下鉄に乗って）：坐 地铁 zuò dìtiě

拼音 [　　　　　　　　　　　　　　　　　　　　　　]?

＿＿＿＿＿＿＿＿＿＿＿＿＿＿＿＿＿？

---

(4) 私は自転車で行きます。それでは，王さんは？

自転車で（自転車に乗って）：骑 自行车 qí zìxíngchē

それでは：那(么) nà(me)

拼音 [　　　　　　　　　　　　　　　　　　　　　　]?

＿＿＿＿＿＿＿＿＿＿＿＿＿＿＿＿＿？

復習テスト

→ 答えは別冊007ページ

答え合わせが終わったら，
音声に合わせて中国語を音読しましょう。

リスニング
問題の音声も
ここから。

1

音声の問いに対して答えてみましょう。

拼音 [   ].

_____。

2

下の語群から単語を選び，文を完成させましょう。

(1) 天壇公園へはどうやって行きますか？

拼音 Qù Tiāntán gōngyuán [   ] zǒu?

去　天坛公园　_____　走?

天壇公園

(2) どれがあなたのスマートフォンですか？

拼音 [   ] shì nǐ de shǒujī?

_____　是　你　的　手机?

スマートフォン

(3) 彼の名前は何ですか？（フルネームをたずねる）

拼音 Tā jiào [   ] míngzi?

他　叫　_____　名字?

哪个 [něige]　　什么 [shénme]　　怎么 [zěnme]

3 日本語を中国語にしましょう。

(1) あなたはいつ授業に行きますか？

授業を受ける：上课 shàng kè

拼音 [   ]?

_____ ?

(2) この料理はどうやって食べますか？

拼音 [   ]?

_____ ?

(3) この自動車はどうしてこんなに安いのですか？

安い：便宜 piányi

拼音 [   ]?

_____ ?

同文同種の落とし穴

中国語は同じ漢字を使っているので，文字にすれば簡単だと思いがちですが，同じ漢字で全く意味の異なる熟語が結構あります。"汽车 [qìchē]" は「自動車」の意味で，日本の列車の意味ではありません。"手纸[shǒuzhǐ]"は「トイレットペーパー」，"汤[tāng]（日本語の湯）" は「スープ」の意味です。日本の工事現場にある「油断一秒，怪我一生」は中国語では「油を一秒断つと自分を一生責めることになる（"怪 [guài]" は「責める」）」という大変重い罪になってしまいます。

32 〜を持っています。／〜はあります。

動詞 "有［yǒu］" は，「〜を持っている」，「〜に〜がある」という意味を持つ重要な動詞です。主語が人のとき，"有" は「〜を持っている」の意味になります。

我 有 手纸。　私はトイレットペーパーを持っています。
Wǒ yǒu shǒuzhǐ.

疑問文は文末に "吗" を置くか，反復疑問文の形にします。「はい」と答えるときは "有"，「いいえ」と答えるときは "没有［méiyǒu］" を使います。

你 有 零钱 吗? ／你 有 没有 零钱?
あなたは小銭を持っていますか？
Nǐ yǒu língqián ma? ／ Nǐ yǒu méiyǒu língqián?

| 肯定 | 有。　あります。
Yǒu. |
| 否定 | 没有。　ありません。
Méiyǒu. |

我 没 (有) 零钱。　私は小銭を持っていません。
Wǒ méi (yǒu) língqián.
　　　↑
　　有は省略可

「〜に〜がある」の意味で "有" を使うとき，時間や場所を先に置き，存在するもの（不特定のもの）は "有" のうしろに置きます。

我们 学校 有 便利店。　私たちの学校にはコンビニがあります。
Wǒmen xuéxiào yǒu biànlìdiàn.
　↑　　　　↑
　場所　不特定の存在するもの

ここでいう「不特定のもの」とは，いくつかある中のどれか 1 つのものを指します。

| 特定 | すでに会話に出てきていて，どれのことをいっているかわかっているもの |  |
| 不特定 | どれなのか特定せず，いくつかある中のどれか 1 つのもの |  |

基本練習

→答えは別冊008ページ

答え合わせが終わったら，
音声に合わせて中国語を音読しましょう。

次の日本語を中国語にしましょう。

---

(1) 私はチケットを持っています。　　　　　　　チケット：票 piào

拼音 [　　　　　　　　　　　　　　　　　　　　　].

_____ 。

---

(2) 月曜日に試験はありません。　　　　　　　試験：考试 kǎoshì

拼音 [　　　　　　　　　　　　　　　　　　　　　].

_____ 。

---

(3) いつ試験がありますか？

拼音 [　　　　　　　　　　　　　　　　　　　　　]?

_____ ?

---

(4) 3階に何がありますか？　　　　　　　　3階：三 楼 sān lóu

拼音 [　　　　　　　　　　　　　　　　　　　　　]?

_____ ?

---

(5) 3階にレストランがあります。　　　　　レストラン：餐厅 cāntīng

拼音 [　　　　　　　　　　　　　　　　　　　　　].

_____ 。

33 家にいます。

存在を表す動詞には，前回学んだ "有 [yǒu]" の他に "在 [zài]" があります。ここでは，"在" の意味や使い方，"有" との違いを確認していきましょう。"有" は存在するものが不特定のものに限られましたが，<u>"在" は特定のもの（固有名詞など）でもいい</u>表すことができます「特定のもの（存在するもの）＋ "在" ＋場所」。

| 在 | ：ヒト・モノ・コト ＋ 在 ＋（場所） |

小李 在 家。　李さんは家にいます。
　特定
[Xiǎo-Lǐ zài jiā.]

"有" の否定では "没" を使いましたが，"在" の否定は "不" を使います。疑問文では，"吗" の疑問文と反復疑問文の2つの形でつくることができます。

班主任 在 办公室 吗？ = 班主任 在 不 在 办公室？
[Bānzhǔrèn zài bàngōngshì ma?]　　[Bānzhǔrèn zài bu zài bàngōngshì?]
担任の先生は教員室にいらっしゃいますか？

ー他 在。／他 不 在。
ー [Tā zài.] ／ [Tā bú zài.]
ー 彼はいます。／彼はいません。

先生は
いますか？

<u>"在" と "有" の2つの大きな違いは語順です</u>。"有" のときは「（場所）＋ "有" ＋不特定のもの（存在するもの）」の順でしたが，"在" は「特定のもの・不特定のもの（存在するもの）＋ "在" ＋（場所）」と順序が入れかわります。存在する「もの」が不特定のものであれば，"在" と "有" は書き換え可能です。

| 有 | ：（場所）＋有＋ ヒト・モノ・コト |

你 家 有 人。　あなたの家に人がいます。
[Nǐ jiā yǒu rén.]
　場所　　不特定の名詞

| 在 | ：ヒト・モノ・コト ＋ 在 ＋（場所） |

人 在 你 家。　人があなたの家にいます。
[Rén zài nǐ jiā.]
不特定の名詞　　場所

妹だよ

基本練習

→答えは別冊008ページ
答え合わせが終わったら,
音声に合わせて中国語を音読しましょう。

（　　）内の語を並べかえて，文を完成させましょう。

---

(1) 洗濯機はドアの外にあります。

（ 在 ／ 洗衣机 xǐyījī ／ 门外 ménwài ）
洗濯機　　　　　　　ドアの外

拼音 [　　　　　　　　　　　　　　　　　　　].

_____。

---

(2) 彼女の姉は北京にいません。

（ 不 ／ 姐姐 jiějie ／ 北京 Běijīng ／ 她 ／ 在 ）
姉　　　　　　　　北京

拼音 [　　　　　　　　　　　　　　　　　　　].

_____。

---

(3) トイレは何階にありますか？ ― 2階にあります。

（ 几 楼 jǐ lóu ／ 在 ／ 厕所 cèsuǒ ／ 二 楼 èr lóu ／ 在 ）
何階　　　　　　　　　トイレ　　　　　　2階

拼音 [　　　　　　　]? ― [　　　　　　　].

_____? ― _____。

34 私の母は上海で働いています。

"在"には前回やった「〜にいます。」以外にもう一つ重要な使い方があります。それは「〜で」という使い方です。「"在"＋場所」で「(特定の) 場所で〜」のようなフレーズをつくれます。

我 妈妈 在 上海 工作。　　私の母は上海で働いています。
[Wǒ māma zài Shànghǎi gōngzuò.]
　　　　　　　場所

「"在"＋場所」のフレーズは，動詞の結びつきが強いため，必ず動詞の直前に置き，「"在"＋場所＋動詞」が1つのかたまりになります。そのため，否定文をつくる際は，動詞ではなく，"在"の前に"不"を置きます。「〜で」という意味の"在"を使った文で反復疑問文をつくるときはうしろの動詞ではなく"在"を"在不在"の形にします。

否定文

我 妈妈 不 在 上海 工作。　　私の母は上海で働いていません。
[Wǒ māma bú zài Shànghǎi gōngzuò.]
　　　　　　否定 在　　場所　　　動詞

疑問文

你 在 食堂 吃饭 吗?　　あなたは食堂でご飯を食べますか？
[Nǐ zài shítáng chīfàn ma?]

もしくは

你 在 不 在 食堂 吃饭?
[Nǐ zài bu zài shítáng chīfàn?]

肯定　对, 我 在 食堂 吃饭。　　はい，私は食堂でご飯を食べます。
　　　[Duì, wǒ zài shítáng chīfàn.]

否定　不, 我 不 在 食堂 吃饭。　　いいえ，私は食堂でご飯を食べません。
　　　[Bù, wǒ bú zài shítáng chīfàn.]

基本練習

答えは別冊008ページ

答え合わせが終わったら，
音声に合わせて中国語を音読しましょう。

（　　）内の語を並べかえて，文を完成させましょう。

---

(1) 彼の兄は図書館で本を読みます。

（ 在 ／ 他 哥哥 tā gēge ／ 看 kàn ／ 图书馆 ／ 书 ）

　　　　　　彼の兄　　　　　　読む

拼音 [　　　　　　　　　　　　　　　　　　　　　　].

_____ 。

---

(2) 彼は家で勉強しますか？

（ 在 ／ 学习 ／ 吗 ／ 家 ／ 他 ）

拼音 [　　　　　　　　　　　　　　　　　　　　　　]?

_____ ？

(3) いいえ，彼は塾で授業を受けます。

（ 他 ／ 不 ／ 在 ／ 上课 shàng kè ／ 补习班 bǔxíbān ）

　　　　　　　　　　　授業を受ける　　　　　塾

拼音 [　　　　　　　　　　　　　　　　　　　　　　].

_____ 。

35 ここ／あそこ／どこ

　この課では「ここ」などのような「場所を示す言葉」を学びます。英語では Here（ここ）と There（あそこ）のみで，「そこ」に当たる言葉はありません。中国語も英語と同じように「そこ」という言葉はありません。自分に近いときは "这里 [zhèli]（ここ）"，自分から遠いときは "那里 [nàli]（あそこ）" を使います。会話の中ではそれぞれ "这儿 [zhèr]" "那儿 [nàr]" といいます。

这儿 是 我 家。 ［Zhèr shì wǒ jiā.］
ここは私の家です。

平板 电脑 在 那儿。 ［Píngbǎn diànnǎo zài nàr.］
タブレットはあそこにあります。

　「どこ？」と場所をたずねるときは "哪里 [nǎli]" を使います。こちらも会話の中では "哪儿 [nǎr]" といいます。

我 的 手机 在 哪儿? ［Wǒ de shǒujī zài nǎr?］
私のスマートフォンはどこですか？（私のスマートフォンはどこにありますか？）

(你 的 手机) 在 沙发上。 ［(Nǐ de shǒujī) zài shāfāshang.］
（あなたのスマートフォンは）ソファの上にあります。
　　　　↑
答えるときは主語が省略できる

　まとめると次のようになります。

	ここ	そこ	あそこ	どこ
書き言葉	这里 [zhèli]		那里 [nàli]	哪里 [nǎli]
話し言葉	这儿 [zhèr]		那儿 [nàr]	哪儿 [nǎr]

基本練習

→ 答えは別冊008ページ

答え合わせが終わったら,
音声に合わせて中国語を音読しましょう。

中国語を日本語にしましょう。

- -

(1) あなたのノートパソコンは本棚の上にあります。

ノートパソコン：笔记本电脑 bǐjìběn diànnǎo　本棚：书架 shūjià

拼音 [　　　　　　　　　　　　　　　　　　　　　　　　　].

＿＿＿＿＿＿＿＿＿＿＿＿＿＿＿＿＿＿＿＿＿＿＿＿＿＿＿＿＿ 。

- -

(2) 郵便局はどこにありますか？ - あそこにあります。

郵便局：邮局 yóujú

拼音 [　　　　　　　　　　　]? — [　　　　　　　　　].

＿＿＿＿＿＿＿＿＿＿＿ ？ － ＿＿＿＿＿＿＿＿＿＿＿ 。

- -

(3) あなたはどこで中国語を学びますか？

拼音 [　　　　　　　　　　　　　　　　　　　　　　　　]?

＿＿＿＿＿＿＿＿＿＿＿＿＿＿＿＿＿＿＿＿＿＿＿＿＿＿＿ ？

- -

(4) 渡辺さんの息子はあそこで遊んでいます。

渡辺さん：渡边 Dùbiān　息子：儿子 érzi　遊ぶ：玩儿 wánr

拼音 [　　　　　　　　　　　　　　　　　　　　　　　　].

＿＿＿＿＿＿＿＿＿＿＿＿＿＿＿＿＿＿＿＿＿＿＿＿＿＿＿＿＿ 。

方位詞

前回は「ここ」「あそこ」などを学びました。今回はもう少し具体的な場所の示し方を学びましょう。まずは「〜の上」「〜の中」のような表現です。「場所＋"上［shang］"／"里［li］"など」で表すことができます。

桌子上　［zhuōzishang］　机の上
书包里　［shūbāoli］　　カバンの中
↑
場所を表す名詞

你 的 钱包 在 桌子上。［Nǐ de qiánbāo zài zhuōzishang.］
あなたの財布は机の上にあります。

次は「北側」「外側」のように, 方角を表す表現を学んでいきましょう。北などの「方向を表す言葉」のうしろに"边(儿)［biān(r)］"をつけて表します。

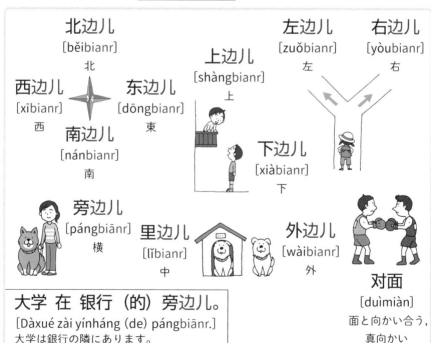

北边儿
［běibianr］
北

西边儿
［xībianr］
西

东边儿
［dōngbianr］
東

南边儿
［nánbianr］
南

左边儿
［zuǒbianr］
左

右边儿
［yòubianr］
右

上边儿
［shàngbianr］
上

下边儿
［xiàbianr］
下

旁边儿
［pángbiānr］
横

里边儿
［lǐbianr］
中

外边儿
［wàibianr］
外

对面
［duìmiàn］
面と向かい合う,
真向かい

大学 在 银行 (的) 旁边儿。
［Dàxué zài yínháng (de) pángbiānr.］
大学は銀行の隣にあります。

基本練習

→ 答えは別冊009ページ
答え合わせが終わったら，
音声に合わせて中国語を音読しましょう。

日本語を中国語にしましょう。

⑴ 病院は体育館の向かいにあります。

病院：医院 yīyuàn 　体育館：体育馆 tǐyùguǎn

拼音 [　　　　　　　　　　　　　　　　　　].

_____。

⑵ 銀行は体育館の隣にあります。

銀行：银行 yínháng 　体育館：体育馆 tǐyùguǎn

拼音 [　　　　　　　　　　　　　　　　　　].

_____。

⑶ 図書館はどこにありますか？ ― 大学の北にあります。

図書館：图书馆 túshūguǎn 　大学：大学 dàxué

拼音 [　　　　　　　　]? ― [　　　　　　　].

_____? – _____。

⑷ 公園はどこにありますか？ ― 銀行の北にあります。

公園：公园 gōngyuán 　銀行：银行 yínháng

拼音 [　　　　　　　　]? ― [　　　　　　　].

_____? – _____。

復習テスト

リスニング
問題の音声も
ここから。

→答えは別冊009ページ

答え合わせが終わったら，
音声に合わせて中国語を音読しましょう。

1 音声の問いに対して答えてみましょう。

🔊 拼音 [   ].

_____。

2 下の語群から単語を選び，文を完成させましょう。

(1) 冷蔵庫は台所にあります。

拼音 Bīngxiāng [   ] chúfángli.

冰箱 _____ 厨房里。
冷蔵庫   台所の中

(2) 学校の東にプールがあります。

拼音 Xuéxiào dōngbianr [   ] yóuyǒngchí.

学校　东边儿 _____ 游泳池
                                                                                        プール

(3) あなたのお父さんはどこで働いていますか？

拼音 Nǐ bàba zài [   ] gōngzuò?

你　爸爸　在 _____ 工作？
                                                                                        仕事をする

有 [yǒu]　　在 [zài]　　哪儿 [nǎr]

3 日本語を中国語にしましょう。

(1) 謝社長は事務所にいらっしゃいますか？

謝社長：谢 经理 Xiè jīnglǐ

拼音 [　　　　　　　　　　　　　　　　　　　　　　　]?

_____ ?

(2) 弟は南京で中国語を勉強しています。

南京：南京 Nánjīng

拼音 [　　　　　　　　　　　　　　　　　　　　　　　].

_____ 。

(3) あなたの家はどこですか？ ― 東京にあります。

東京：东京 Dōngjīng

拼音 [　　　　　　　　　]? ― [　　　　　　　　　　].

_____ ? ― _____ 。

名詞の場所化

"在" の後ろには場所を示す語がきますが，中国語は「教室の中に」のように，名詞の「教室」が場所であることを示さなければなりません。そのため，「在 + 場所」の場所に入れる名詞は，「名詞 + 方位詞 (p.92)」の形にします。練習に出てきた "厨房里"，"教室里" のように "里"（～の中）をつけるのはそのためです。しかし，名詞の中でも，固有名詞（"中国" など）や明らかに場所と認定されたもの（"家" など）は「里」などが不要です。

37 私は中国語を学んだことがあります。

経験の助詞 "过"

　中国語には日本語のように動詞や形容詞の語尾を変化させません。そして過去形や現在形という動詞や形容詞の形もありません。そのため，動詞や形容詞をそのままの形で用い，文脈でいつのでき事かを判断します。

　一方，中国語には「～し終わった」「～したことがある」など動作の状態を説明する表現があります。「それらの表現」は，時制にとらわれず，過去・現在・未来のどの時点の動作についても表現できます。この章では4つの表現を学びます。

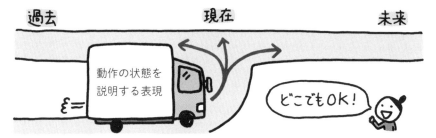

　この課では「～したことがある（経験）」を表す "过 [guo]" を学習していきましょう。"过" は動詞の直後につけて使います。

我 学过 汉语。　　私は中国語を学んだことがあります。
[Wǒ xuéguo Hànyǔ.]
　　↑
動詞 + "过"

　否定の形の文をつくるときは動作の実現などを否定する "没有" を使います。"没有" は動詞の前に置きます。"有" は省略できます。（p.84 参照）

我 没 (有) 学过 汉语。　　私は中国語を学んだことがありません。
否定の "没有" + 動詞 + "过"
[Wǒ méi (yǒu) xuéguo Hànyǔ.]

　疑問文は文末に "吗" をつけてつくります。

你 学过 汉语 吗?　　あなたは中国語を学んだことがありますか?
[Nǐ xuéguo Hànyǔ ma?]
我 学过。／没有。我 没 (有) 学过。
はい。／いいえ，学んだことがありません。
[Wǒ xuéguo. ／ Méiyǒu. Wǒ méi (yǒu) xuéguo.]

基本練習

→ 答えは別冊009ページ

答え合わせが終わったら，
音声に合わせて中国語を音読しましょう。

日本語を中国語に訳しましょう。

---

(1) 私は故宮へ行ったことがあります。　　　　　故宮：故宫 Gùgōng

拼音 [　　　　　　　　　　　　　　　　　　　　　　　　].

＿＿＿＿＿＿＿＿＿＿＿＿＿＿＿＿＿＿＿＿＿＿＿＿＿ 。

---

(2) 彼女は魯迅の小説を読んだことがありません。

読む：看 kàn　魯迅：鲁迅 Lǔ Xùn　小説：小说 xiǎoshuō

拼音 [　　　　　　　　　　　　　　　　　　　　　　　　].

＿＿＿＿＿＿＿＿＿＿＿＿＿＿＿＿＿＿＿＿＿＿＿＿＿ 。

---

(3) あなたは北京ダックを食べたことがありますか？

北京ダック：北京 烤鸭 Běijīng kǎoyā

拼音 [　　　　　　　　　　　　　　　　　　　　　　　]?

＿＿＿＿＿＿＿＿＿＿＿＿＿＿＿＿＿＿＿＿＿＿＿＿ ？

---

(4) いいえ，私は食べたことがありません。

拼音 [　　　　　　　　　　　　　　　　　　　　　　　　].

＿＿＿＿＿＿＿＿＿＿＿＿＿＿＿＿＿＿＿＿＿＿＿＿＿ 。

38 私はご飯を食べました。

完了の助詞"了"

今回は完了を表現する"了［le］"の用法を学びましょう。"了"は動詞の直後に置いて使います。

他 走 了。　彼は行ってしまった。
[Tā zǒu le.]

"了"は過去形ではありません。ある動作を完了したという意味を示します。過去形と完了形は全く別ものです。注意しましょう。

過去形 昨天 我 喝 牛奶。　昨日私は牛乳を飲みました。
[Zuótiān wǒ hē niúnǎi.]

完了形 我 喝了 一 杯 牛奶。
[Wǒ hēle yì bēi niúnǎi.]
⇒"一杯"については下を参照。
私は（一杯の）牛乳を飲んでしまった。

"了"の疑問文は文末に"吗"を置いてつくります。否定形は，"没有"を使います。否定文のときは"了"は消えます。

你 吃了 吗?
[Nǐ chīle ma?]
あなたは食べましたか？

一 没有，我 没 (有) 吃 了。
　　　　　　　　　　　↑
　　　　　　　　　　"了"は消える
[Méiyǒu, wǒ méi (yǒu) chī.]
ー いいえ，私は食べていません。

動詞のうしろに目的語があるとき，"我吃了饭［Wǒ chīle fàn.］"のように「動詞＋目的語」の形ではいえません。そのため，次のように表現します。

我 吃了 一 个 面包。　私はパンを1つ食べました。
動詞"了" 数詞＋量詞 目的語
[Wǒ chīle yí ge miànbāo.]

「動詞＋"了"」と目的語の間に「数詞＋量詞」など，目的語の意味を限定するものを必ず入れなければなりません。

基本練習

答えは別冊009ページ
答え合わせが終わったら，
音声に合わせて中国語を音読しましょう。

（　　）内の語を並べかえて，文を完成させましょう。

(1) 彼は手紙を2通書きました。

（信 ／ 两 封 liǎng fēng ／ 了 ／ 写 ／ 他）
　　　　　　　2通

拼音 [　　　　　　　　　　　　　　　　　　　　　　].

＿＿＿＿＿＿＿＿＿＿＿＿＿＿＿＿＿＿＿＿＿＿。

(2) 李先生は行ってしまいましたか？ — いいえ，彼は行っていません。

（走／李 老师／吗／了）-（走／他／没／没有）

拼音 [　　　　　　　　　　　　　　　　　　　　]?
— [　　　　　　　　　　　　　　　　　　　　].

＿＿＿＿＿＿＿＿＿＿＿＿＿＿＿＿＿＿＿＿？

— ＿＿＿＿＿＿＿＿＿＿＿＿＿＿＿＿＿＿。

(3) 高橋さんは1つのめがねをかけました。

（一 副 yí fù ／ 戴 dài ／ 高桥 Gāoqiáo ／ 眼镜 yǎnjìng ／ 了）
　　　　　　　　かける　　　　　　　　　めがね

拼音 [　　　　　　　　　　　　　　　　　　　　　　].

＿＿＿＿＿＿＿＿＿＿＿＿＿＿＿＿＿＿＿＿＿＿。

39 私はヴァイオリンを弾いています。

進行の副詞 "正"，"在"，"呢"

　中国語には「～している」という進行形の表現が２つあります。この課ではその１つである "正在 [zhèngzài] ～呢 [ne]" を学びましょう。"正在" と "呢" の間に動詞（フレーズ）を置いて，動作がまさに進行していることを表します。

> 我 正在 拉 小提琴 呢。　　私はヴァイオリンを弾いています。
> 　　　　動詞フレーズ
> [Wǒ zhèngzài lā xiǎotíqín ne.]

"正"，"在"，"呢" のいずれかがあれば，進行形を表すことができます。

> **正のみ**
>
> 我 正 弹 钢琴。　私はピアノを弾いています。
> [Wǒ zhèng tán gāngqín.]

> **在のみ**
>
> 我 在 弹 吉他。　私はギターを弾いています。
> [Wǒ zài tán jítā.]

> **呢のみ**
>
> 我 吹 黑管 呢。　私はクラリネットを吹いています。
> [Wǒ chuī hēiguǎn ne.]

　進行の疑問文は，文末に "吗" をつけます。否定文は，動詞の前に "没有" をつけていい表します。しかし，否定の表現にすると，"在" は残ることがありますが "正"，"呢" は消えてしまいます。そのため，文脈上何の否定なのかわからないと，意味が通じません。

> **疑問文**
>
> 你 正在 开会 呢 吗?　あなたは会議中ですか?
> [Nǐ zhèngzài kāihuì ne ma?]

> **否定形**
>
> 我 没 (有) 开会。　私は会議中ではありません。
> [Wǒ méi (yǒu) kāihuì.]

基本練習

→ 答えは別冊010ページ

答え合わせが終わったら，
音声に合わせて中国語を音読しましょう。

（　）内の語を並べかえて，文を完成させましょう。

---

(1) 昨晩，彼は家でテレビを見ていました。

（在／家／昨晩 zuówǎn ／看／他／电视／呢）
　　　　　　　昨晩　　　　　　　　　　テレビ

拼音 [　　　　　　　　　　　　　　　　　　　　　　　　].

_____ 。

---

(2) 私はバスに乗っているところです。

（我／公共汽车 gōnggòng qìchē ／在／呢／坐 zuò）
　　　　　バス　　　　　　　　　　　　　　乗る

拼音 [　　　　　　　　　　　　　　　　　　　　　　　　].

_____ 。

---

(3) 明日の今頃私はきっと仕事をしているところです。

（在／这个／我／明天／一定 yídìng ／时候／工作 gōngzuò）
　　　　　　　　　　　きっと　　　　　　　仕事をする

拼音 [　　　　　　　　　　　　　　　　　　　　　　　　].

_____ 。

40 彼はズボンを穿いているところです。

この課では「〜している」のもう1つの表現である"着 [zhe]"を学びます。"着"は動詞の直後につけ，進行中の動作（"正在〜呢"と同じ意味）と持続の動作を表します。まずは進行中の動作の用法を見ましょう。文末に"呢"をつけることもあります。

他 穿着 裤子 呢。　　彼はズボンを穿いているところです。
[Tā chuānzhe kùzi ne.]

‖　一緒の意味なので，
　　どちらを使っても OK

他 正 在 穿 裤子 呢。
[Tā zhèng zài chuān kùzi ne.]

「〜している（進行）」の否定文では"没有"を使います。このとき，"着"は消えます。

他 没（有） 穿着 裤子。

↑消える

[Tā méi (yǒu) chuānzhe kùzi.]
彼はズボンを穿いているところではありません。

次は「〜している（持続）」の"着"を見ていきましょう。持続とは一度した行為の結果が続いている様子を示します。

他 穿着 红 衬衫。　　彼は赤いシャツを着ています。
[Tā chuānzhe hóng chènshān.]

持続の"着"の否定文は，進行のときと違い"着"が残るので，注意しましょう。

他 没（有） 穿着 红 衬衫。　　彼は赤いシャツを着ていません。

↑残る

[Tā méi (yǒu) chuānzhe hóng chènshān.]

疑問文は，文末に"吗"をつけてつくります。

他 穿着 红 衬衫 吗?　彼は赤いシャツを着ていますか？
[Tā chuānzhe hóng chènshān ma?]

基本練習

答えは別冊010ページ

答え合わせが終わったら,
音声に合わせて中国語を音読しましょう。

日本語を中国語に訳しましょう。

----

(1) 彼は写真を1枚持っています。

　　　　　　　　　写真：照片 zhàopiàn　持つ：拿 ná

拼音 [　　　　　　　　　　　　　　　　　　　].

_____ 。

----

(2) 私のおばあさんはベッドに横たわっています。

　　　　　ベッド：床上 chuángshang　横たわる：躺 tǎng

拼音 [　　　　　　　　　　　　　　　　　　　].

_____ 。

----

(3) あなたは席に座っていますか？— いいえ，席に座っていません。

　　　　　　　　　　　　　　席に：座位上 zuòwèishang

拼音 [　　　　　　　　]? — [　　　　　　　].

_____ ? — _____ 。

----

(4) 名刺に私の電話番号が書いてあります。

　　名刺に：名片上 míngpiànshang　電話番号：电话号码 diànhuà hàomǎ

拼音 [　　　　　　　　　　　　　　　　　　　].

_____ 。

103

復習テスト

→ 答えは別冊010ページ

答え合わせが終わったら，
音声に合わせて中国語を音読しましょう。

リスニング
問題の音声も
ここから。

1 音声の問いに対して答えてみましょう。

拼音 [   ].

_____ 。

2 下の語群から単語を選び，文を完成させましょう。

(1) 私は1冊の本を読みました。

拼音 Wǒ kàn [   ] yì běn shū.

我　看　_____　一　本　书。

(2) 彼は運転しているところです。

拼音 Tā zhèng kāi [   ] chē ne.

他　正　开　_____　车　呢。

(3) 黒板に字が書いてありません。

拼音 Hēibǎnshang [   ] xiězhe zì.

黑板上　_____　写着　字。

| 了 [le] | 没有 [méiyǒu] | 着 [zhe] |

3 日本語を中国語にしましょう。

(1) 外に雪が積もっています。

雪：雪 xuě　積もる：积 jī

拼音 [　　　　　　　　　　　　　　　　　　　　　　].

_____ 。

(2) 彼は映画を見ているところです。

拼音 [　　　　　　　　　　　　　　　　　　　　　　].

_____ 。

(3) スカートを穿いている人は誰ですか？

スカート：裙子 qúnzi

拼音 [　　　　　　　　　　　　　　　　　　　　　　].

_____ 。

文末の "了"

　この章では動詞のうしろにつける完了の "了" を学びましたが，中国語には似たニュアンスを伝える，文末につける "了" があります。これは文全体の状態が全て変化してしまったということを意味しています。p.98 に "昨天我喝牛奶。"（昨日私は牛乳を飲みました。）」という文がありましたが，この文は牛乳をすでに飲んでしまっているため，"昨天我喝牛奶了。" というと，より正確な文になります。

41 〜したい。／〜しなければならない。

助動詞 “想”, “要”

　今回は「助動詞」を扱います。中国語の助動詞は動詞の前に置いて，「〜したい」（願望）や「〜できる」（可能）などを表します。この課ではそのうちの2つを見ていきます。まずは「〜したい」（願望）です。中国語では“想 ［xiǎng］”と“要 ［yào］”の2つを使います。“想”はやや漠然と希望するニュアンスで，“要”はより強い願望を表すときに使います。

我 想 喝 茉莉花茶。　　私はジャスミン茶が飲みたいです。
[Wǒ xiǎng hē mòlìhuāchá.]

我 要 喝 水。　　私は水が飲みたいです。
[Wǒ yào hē shuǐ.]

　2つ目に見ていくのは「〜しなければならない」（義務）です。こちらは先ほど紹介した“要”を使います。

每天 你 要 学习 一 个 小时。
[Měitiān nǐ yào xuéxí yí ge xiǎoshí.]
毎日あなたは1時間勉強しなければなりません。

　“要”はたくさん意味のある助動詞で，「〜したい」（願望）と「〜しなければならない」（義務）などの意味があります。見分ける方法は文脈以外ありません。
　「〜したくない」と否定文をつくるときは，“不想 ［bù xiǎng］”のみ使います。このときは“不要”とはいえないので，注意しましょう。

你 要 去 德国 留学 吗?
[Nǐ yào qù Déguó liúxué ma?]
あなたはドイツへ留学に行きたいですか？

我 不 想 去 德国 留学。
[Wǒ bù xiǎng qù Déguó liúxué.]
私はドイツに留学に行きたくありません。

基本練習

答えは別冊010ページ

答え合わせが終わったら，
音声に合わせて中国語を音読しましょう。

（　　）内の語を並べかえて，文を完成させましょう。

----

(1) 私は家で勉強をしたくありません。

（在 ／ 我 ／ 想 ／ 家 ／ 不 ／ 学習）

拼音 [　　　　　　　　　　　　　　　　　　　　　].

_____ 。

----

(2) 明日あなたはここへ来なければなりません。

（来 ／ 这儿 zhèr ／ 明天 ／ 要 ／ 你）
　　　　　　ここ

拼音 [　　　　　　　　　　　　　　　　　　　　　].

_____ 。

----

(3) 私は白酒を飲みたくありません。

（不 ／ 我 ／ 白酒 báijiǔ ／ 想 ／ 喝 hē）
　　　　　　　白酒　　　　　　　　　飲む

拼音 [　　　　　　　　　　　　　　　　　　　　　].

_____ 。

42

～してはいけません。／
どうぞ～してください。

"不要［bú yào］"は「～してはいけません」という禁止の意味を持ちます。ここでは，禁止の表現を学びましょう。"不要"と同じ意味のものとして"别［bié］"があります。

那儿 不 要 拍 照片。 あそこで写真を撮ってはいけません。
[Nàr bú yào pāi zhàopiàn.]

||

那儿 别 拍 照片。
[Nàr bié pāi zhàopiàn.]

目の前の禁止行為に対して注意をするとき，"别～了"という表現を使います。

同学们，别 说话 了。
[Tóngxuémen, bié shuōhuà le.]
みなさん，話さないで。

次に，人にものを頼むいい方を見ていきましょう。"请［qǐng］"を動詞の前に置くと，「～してください」と丁寧にものをお願いするいい方ができます。文末に"吧［ba］"をつけると「～してください」というより丁寧な表現になります。

请 进。 お入りください。
[Qǐng jìn.]

请 坐。 お座りください。
[Qǐng zuò.]

请 吃 吧。 召し上がってください。
[Qǐng chī ba.]

请，不用 客气。 どうぞ，遠慮しないで。
[Qǐng, bú yòng kèqi.]

基本練習

→ 答えは別冊011ページ

答え合わせが終わったら，
音声に合わせて中国語を音読しましょう。

日本語を中国語にしましょう。

---

(1) ねぇ，泣かないで。

子どもに対する呼びかけ：小朋友 xiǎopéngyou　泣く：哭 kū

拼音 [　　　　　　　　　　　　　　　　　　　　　].

＿＿＿＿＿＿＿＿＿＿＿＿＿＿＿＿＿＿＿＿＿＿＿。

---

(2) ここで物を食べてはいけません。　　　　　　物：东西 dōngxi

拼音 [　　　　　　　　　　　　　　　　　　　　　].

＿＿＿＿＿＿＿＿＿＿＿＿＿＿＿＿＿＿＿＿＿＿＿。

---

(3) どうぞお茶をお飲みください。

拼音 [　　　　　　　　　　　　　　　　　　　　　].

＿＿＿＿＿＿＿＿＿＿＿＿＿＿＿＿＿＿＿＿＿＿＿。

---

(4) 慌てないで，私たちは時間があります。　　慌てる：着急 zháojí

拼音 [　　　　　　　　　　　　　　　　　　　　　].

＿＿＿＿＿＿＿＿＿＿＿＿＿＿＿＿＿＿＿＿＿＿＿。

---

(5) 遠慮しないで，私たちはいい友達です。　いい友達：好朋友 hǎo péngyou

拼音 [　　　　　　　　　　　　　　　　　　　　　].

＿＿＿＿＿＿＿＿＿＿＿＿＿＿＿＿＿＿＿＿＿＿＿。

43 私は自転車に乗ることができます。

中国語には，動詞の前に置いて「〜したい」，「〜すべきである」などという意味をつけ加える助動詞があります。ここでは「〜できる」という意味の助動詞を学びます。中国語の「〜できる」には3つあります。それぞれの用法を見ていきましょう。

1つ目は "会 [huì]" です。"会" は，全くできなかったものが練習や学習してできるようになったときに使います。否定は前に "不" をつけてつくります。

肯定 我 会 骑 自行车。 私は自転車に乗ることができます。
[Wǒ huì qí zìxíngchē.]

否定 我 不 会 骑 自行车。
[Wǒ bú huì qí zìxíngchē.]
私は自転車に乗ることができません。

2つ目は "能 [néng]" です。練習や学習の有無にかかわらず，持っている能力を表すときに使います。

肯定 我 能 开 车。 私は車を運転することができます。
[Wǒ néng kāichē.]

否定 今天 我 喝 酒 了, 不 能 开 车。
[Jīntiān wǒ hē jiǔ le, bù néng kāichē.]
今日私はお酒を飲んでしまったので，
車を運転することができません。

3つ目は "可以 [kěyǐ]" です。許可を得てできるときに使います。許可の肯定は "可以" を使いますが，否定は "不能" を使うことに気をつけましょう。

疑問 这 条 路 可以 骑 自行车 吗?
[Zhè tiáo lù kěyǐ qí zìxíngchē ma?]
この道は自転車に乗ってもいいですか？

肯定 可以。 いいです。
[Kěyǐ.]

否定 不 能。 いけません。
[Bù néng.]

基本練習

→ 答えは別冊011ページ

答え合わせが終わったら，
音声に合わせて中国語を音読しましょう。

空欄を埋めて，文を完成させましょう。

---

(1) 彼の奥さんはスペイン語を話すことができます。

拼音 Tā fūrén [　　　　　　　　　　　　　　　　] shuō Xībānyáyǔ.

他　夫人　_____　说　西班牙语。
　彼の奥さん　　　　　　　　　　　　　　　　スペイン語

---

(2) 私は風邪を引いたので，今日は泳ぐことができません。

拼音 Wǒ gǎnmàole, jīntiān bù [　　　　　　　　　] yóuyǒng.

我　感冒了，今天　不　_____　游泳。
　　風邪を引いた　　　　　　　　　　　　泳ぐ

---

(3) ここでタバコを吸っていいですか？ — だめです。

拼音 Zhèr [　　　　　　　] chōuyān ma? — [　　　　　　　].

这儿　_____　抽烟　吗? — _____。
　　　　　　　　タバコを吸う

---

(4) 彼の子どもは話せるようになりましたか？

拼音 Tā háizi [　　　　　　　　　　　　　] shuōhuàle ma?

他　孩子　_____　说话了　吗?
　　子ども

---

(5) 彼女のおばあさんは足が良くなって歩けるようになりました。

拼音 Tānǎinai tuǐ hǎole, [　　　　　　　　　　　] zǒulùle.

她奶奶　腿　好了，_____　走路了。
彼女のおばあさん　脚　　　　　　　　　　　（道を）歩く

44 私は北京から来ました。

ここでは「〜から」という意味の前置詞 "从 [cóng]" と "离 [lí]" の用法を学びましょう。"从" は「(起点) から」という意味を示します。

起点の「从＋起点（場所）」（〜から）

我 从 北京 来 了。　　私は北京から来ました。

[Wǒ cóng Běijīng lái le.]

"从" と前置詞 "到 [dào]" を一緒に使うと，起点から到達点まで示すことができます。

起点〜到達点「从＋起点＋到＋到達点」（〜から…まで）

从 我 家 到 车站 要 三 分钟。　　私の家から駅まで3分かかります。

[Cóng wǒ jiā dào chēzhàn yào sān fēnzhōng.]　　起点〜到達点

「〜から」と日本語に訳せる中国語の前置詞にはもう１つあります。

"从" と "离" のニュアンスの違いは，図の通りです。"离" は，起点と到達点の隔たりを示します。

隔たり「离〜」（〜から（まで）

动物园 离 这儿 很 远。

[Dòngwùyuán lí zhèr hěn yuǎn.]

動物園はここから遠いです。

※「离」は間隔を示しているため，「動物園はここまで遠いです」とも訳せます。

"从""离" は時間の起点や間隔を示すこともできます。

時間の起点や隔たり

春晚 从 现在 开始。　　春節聯歓晩会は今から始まります。

[Chūnwǎn cóng xiànzài kāishǐ.]

离 开演 还 有 一 个 小时。　　開演までまだ1時間あります。

[Lí kāiyǎn hái yǒu yí ge xiǎoshí.]

"从""离" はその性質からうしろにくる述語が限定されます。

「从」「离」の形式上の特徴

"从"＋起点（場所・時間）＋動作性のある述語（動詞）

"离"＋場所・時間＋状態を表す述語（形容詞や間隔を示す動詞）

基本練習

答えは別冊011ページ

答え合わせが終わったら，
音声に合わせて中国語を音読しましょう。

（　　）内の語を並べかえて，文を完成させましょう。

⑴　中国の学校は9月から授業が始まります。

（ 的／中国／从／九月／学校／开始 kāishǐ／上课 shàng kè ）
　　　　　　　　　　　　　　　始まる　　　　　　授業を受ける

拼音 [　　　　　　　　　　　　　　　　　　　　　　　　　　　].

＿＿＿＿＿＿＿＿＿＿＿＿＿＿＿＿＿＿＿＿＿＿＿＿＿＿＿＿＿。

⑵　遊園地はあなたの家から遠いですか？

（ 你 家／离／游乐园 yóulèyuán／吗／远 ）
　　　　　　　　　　遊園地

拼音 [　　　　　　　　　　　　　　　　　　　　　　　　　　]?

＿＿＿＿＿＿＿＿＿＿＿＿＿＿＿＿＿＿＿＿＿＿＿＿＿＿＿＿？

⑶　出発までまだ1週間あります。

（ 还 有 hái yǒu／出发 chūfā／星期／离／一 个 ）
　　まだ～ある　　　　　出発

拼音 [　　　　　　　　　　　　　　　　　　　　　　　　　　　].

＿＿＿＿＿＿＿＿＿＿＿＿＿＿＿＿＿＿＿＿＿＿＿＿＿＿＿＿＿。

45 ～に与える／～に対して／～と一緒に

　中国語の前置詞は，日本語の助詞のような働きもします。ここでは，対象を示す前置詞を見ていきましょう。

> **"给"与える** 我 给 你 打 电话。　私はあなたに電話をかけます。
> [Wǒ gěi nǐ dǎ diànhuà.]
>
> **"对"対する** 我 对 历史 很 有 兴趣。　私は歴史にとても興味があります。
> [Wǒ duì lìshǐ hěn yǒu xìngqù.]
>
> **"跟"～と一緒に** 我 跟 你 一起 去 旅游。　私はあなたと一緒に旅行へ行きます。
> [Wǒ gēn nǐ yìqǐ qù lǚyóu.]

　中国語の前置詞はもともと動詞であったものが多く，その動詞の意味するニュアンスを表しています。"给""对" は日本語に訳すと，「～に」になることが多いです。"跟" は「～に」とともに「～と」と訳すこともあります。

> 我 跟 这个 问题 没有 关系。　私はこの問題に（と）関係がない。
> [Wǒ gēn zhèige wèntí méi yǒu guānxi.]

　前置詞フレーズの文章の否定形は，p.88 で見たように，Ⅰ型「否定の副詞＋前置詞＋名詞＋述語（動詞）」の語順になるのが原則でした。しかし，上の例のように，例外的に述語が状態を表す意味の場合，Ⅱ型「前置詞＋名詞＋否定の副詞＋述語（動詞・形容詞）」の語順になることがあります。

> Ⅰ型：女儿 不 给 我 发 电子邮件。
> [Nǚ'ér bù gěi wǒ fā diànzǐ yóujiàn.]
> 娘は私にEメールを送ってくれません。
>
> Ⅱ型：我 对 这 幅 画儿 没有 兴趣。
> [Wǒ duì zhè fú huàr méiyǒu xìngqù.]
> 私はこの絵に興味がありません。
>
> 我 家 离 博物馆 不 远。
> [Wǒ jiā lí bówùguǎn bù yuǎn.]
> 私の家は博物館から遠くないです。

　Ⅰ型のように，述語が動作性を示す場合は，p.88 で学んだ原則どおりの「否定の副詞＋前置詞＋名詞＋述語（動詞）」という語順になります。疑問文はⅠ型，Ⅱ型ともに文末に "吗" をつけて表現します。

基本練習

⊘答えは別冊011ページ

答え合わせが終わったら,
音声に合わせて中国語を音読しましょう。

第8章

次の日本語を中国語にしましょう。

---

(1) 私は李先生に手紙を書きません。　　　　　　　　手紙を書く：写 信 xiě xìn

拼音 [　　　　　　　　　　　　　　　　　　　　　].

_____。

---

(2) 王先生は娘に厳しくありません。　　　　　　　　厳しい：严格 yángé

拼音 [　　　　　　　　　　　　　　　　　　　　　].

_____。

---

(3) あなたは彼女と一緒に家に帰りますか？

一緒に：一起 yìqǐ　　家に帰る：回 家 huí jiā

拼音 [　　　　　　　　　　　　　　　　　　　　]?

_____?

---

(4) あなたは黄小海さんと知り合いですか？

黄小海さん：黄小海 Huáng Xiǎohǎi　　知り合いである：认识 rènshi

拼音 [　　　　　　　　　　　　　　　　　　　　]?

_____?

復習テスト

→ 答えは別冊011ページ

リスニング
問題の音声も
ここから。

答え合わせが終わったら、
音声に合わせて中国語を音読しましょう。

1 音声の問いに対して答えてみましょう。

拼音 [   ].

＿＿＿＿＿＿＿＿＿＿＿＿＿＿＿＿＿＿＿＿＿＿＿＿＿＿＿ 。

2 下の語群から単語を選び，文を完成させましょう。

(1) 授業中寝てはいけません。

拼音 Shàng kè de shíhou, [   ] shuìjiào.

上课　的　时候，＿＿＿＿＿＿＿＿＿＿＿　睡觉。

(2) ここで写真を撮ってもいいですか？―いけません。

拼音 Zhèr [   ] pāi zhàopiàn ma? − [   ].

这儿　＿＿＿＿＿＿＿＿＿＿　拍　照片　吗?

撮る　写真

− ＿＿＿＿＿＿＿＿＿＿＿＿＿＿＿＿＿＿＿＿＿＿ 。

(3) 北京は天津まで 100 キロの道のりがあります。

拼音 Běijīng [   ] Tiānjīn yǒu yìbǎi gōnglǐ de lùchéng.

北京 ＿＿ 天津　有　一百　公里　的　路程。

可以 [kěyǐ]　　別 [bié]　　不能 [bù néng]　　离 [lí]

---

3 日本語を中国語にしましょう。

(1) 彼はクラシック音楽に興味がありません。

クラシック音楽：古典音乐 gǔdiǎn yīnyuè

拼音 [   ]?

_____ ?

(2) 卒業まで１か月のみとなりました。

卒業：毕业 bìyè　〜のみ：只 zhǐ

拼音 [   ].

_____ 。

(3) 娘は泳げるようになりました。

拼音 [   ].

_____ 。

さらなる中国語の旅へ

　語形の変化がなくただ単語を並べるだけの中国語。その並べ方には整然としたルールがあり、ときに日本語で理解できない発想も見つかり、中国語の学習はとても興味深いものです。今回の学習では触れられなかった文法事項がまだまだあります。テキストで学びながら、この場合はどう表現するのかと新たな疑問が出てきたら、それは中国語学習の旅の始まりです。テキストを読み終えたら、さらなる中国語旅行に旅立ちましょう。

一日の活動　中国語で言ってみよう！

早上 干 什么?　[Zǎoshang gàn shénme?]

朝，何をしますか？

起床	洗脸	跑步
[qǐ chuáng]	[xǐ liǎn]	[pǎo bù]
起きる	顔を洗う	ジョギングする

上厕所	穿衣服	吃早饭
[shàng cèsuǒ]	[chuān yīfu]	[chī zǎofàn]
トイレに行く	服を着る	朝食を食べる

刷牙	穿鞋	出门
[shuā yá]	[chuān xié]	[chū mén]
歯を磨く	靴を履く	家を出る

上班／上学	骑自行车	换车
[shàng bān／shàng xué]	[qí zìxíngchē]	[huàn chē]
出勤する・登校する	自転車に乗る	乗り換える

白天 有 什么 活动?　[Báitiān yǒu shénme huódòng?]

日中，どんな活動がありますか？

上课	工作	念书
[shàng kè]	[gōngzuò]	[niàn shū]
授業を受ける	仕事する	本を音読する／勉強する

画画儿	聊天儿	运动
[huà huàr]	[liáotiānr]	[yùndòng]
絵を描く	おしゃべりする	運動する

吃午饭
[chī wǔfàn]
昼ご飯を食べる

参加考试
[cānjiā kǎoshì]
試験を受ける

唱歌儿
[chànggēr]
歌を歌う

打扫
[dǎsǎo]
掃除をする

坐公共汽车
[zuò gōnggòngqìchē]
バスに乗る

下班／放学
[xià bān ／ fàng xué]
退社する・下校する

我 回家 了。 [Wǒ huí jiā le.]
ただいま。

回家
[huí jiā]
家に帰る

洗手
[xǐ shǒu]
手を洗う

换衣服
[huàn yīfu]
着替える

开门
[kāi mén]
ドアを開ける

做晚饭
[zuò wǎnfàn]
夕ご飯を作る

吃晚饭
[chī wǎnfàn]
夕ご飯を食べる

看电视
[kàn diànshì]
テレビを見る

听音乐
[tīng yīnyuè]
音楽を聴く

上网
[shàng wǎng]
インターネットをする

做作业
[zuò zuòyè]
宿題をする

洗澡
[xǐ zǎo]
風呂に入る

睡觉
[shuì jiào]
寝る

おもな量詞

量詞	意味	使える名詞の例
枝 [zhī]	～本　細い棒状の物	钢笔 [gāngbǐ] ペン 香烟 [xiāngyān] たばこ　など
条 [tiáo]	～本　細長いものを数える	河水 [héshuǐ] 川 街 [jiē] 通り　など
把 [bǎ]	～本　取っ手のあるものを数える	椅子 [yǐzi] 椅子 雨伞 [yǔsǎn] 傘　など
瓶 [píng]	～本　瓶に入っているものを数える	啤酒 [píjiǔ] ビール 酱油 [jiàngyóu] しょう油　など
架 [jià]	～台　機械など組み立てられたものを数える	照相机 [zhàoxiàngjī] カメラ 飞机 [fēijī] 飛行機　など
辆 [liàng]	～台　車両を数える	自行车 [zìxíngchē] 自転車 汽车 [qìchē] 自動車　など
头 [tóu]	～頭　家畜などを数える	牛 [niú] 牛 猪 [zhū] 豚　など
双 [shuāng]	～対　もともとペアであるものを数える	筷子 [kuàizi] 箸 眼睛 [yǎnjing] 目　など
位 [wèi]	～方　敬意を払う人を数える	老师 [lǎoshī] 先生 客人 [kèrén] お客さん　など

数え方（応用編）

コラムでは本編に入りきらなかった2つのポイントについて紹介します。

1つ目は数字の指の表現です。方言が多い中国では，中国人同士でも聞き間違いが起きるため指で数字を示してコミュニケーションを取ることがよくあります。指の表現も覚えましょう。

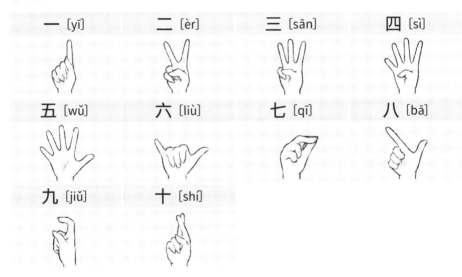

一 [yī]　二 [èr]　三 [sān]　四 [sì]

五 [wǔ]　六 [liù]　七 [qī]　八 [bā]

九 [jiǔ]　十 [shí]

2つ目は4桁以上の数字を読むときのルールです。2〜3桁の読み方はp.56に載っています。4桁以上の数字を読むときは，3桁のルールに

①頭にくる「2」は"两 [liǎng]"を使う

②「0」は2つ以上でも，読むのは1個だけでよい

が加わります。

1000	1001	1200
一千	一千零一	一千二百
[yìqiān]	[yìqiān líng yī]	[yìqiān èrbǎi]

2922	28765
两千九百二十二	两万八千七百六十五
[liǎngqiān jiǔbǎi èrshi'èr]	[liǎngwàn bāqiān qībǎi liùshiwǔ]

有名な中国語圏の地名一覧

簡体字，ピンイン 日本語	簡体字，ピンイン 日本語

北京 [Běijīng]

北京

苏州 [Sūzhōu]

蘇州

上海 [Shànghǎi]

上海

敦煌 [Dūnhuáng]

敦煌

西安 [Xī'ān]

西安

台湾 [Táiwān]

台湾

香港 [Xiānggǎng]

香港

四川 [Sìchuān]

四川

澳门 [Àomén]

マカオ

广东 [Guǎngdōng]

広東

大连 [Dàlián]

大連

西藏 [Xīzàng]

チベット

南京 [Nánjīng]

南京

长江 [Chángjiāng]

長江

成都 [Chéngdū]

成都

黄河 [Huánghé]

黄河

主な日本の地名一覧

簡体字，ピンイン 日本語	簡体字，ピンイン 日本語
北海道 [Běihǎidào] 北海道	名古屋 [Mínggǔwū] 名古屋
本州 [Běnzhōu] 本州	金泽 [Jīnzé] 金沢
四国 [Sìguó] 四国	长野 [Chángyě] 長野
九州 [Jiǔzhōu] 九州	京都 [Jīngdū] 京都
冲绳 [Chōngshéng] 沖縄	奈良 [Nàiliáng] 奈良
仙台 [Xiāntái] 仙台	大阪 [Dàbǎn] 大阪
东京 [Dōngjīng] 東京	神户 [Shénhù] 神戸
横滨 [Héngbīn] 横浜	福冈 [Fúgāng] 福岡

さくいん

★ 数字はページ数です。

日本語さくいん

【あ〜お】

【か〜こ】

中国語をひとつひとつわかりやすく。

著　者	宮岸　雄介
	防衛医科大学校専任講師。
	専門は中国思想史。早稲田大学大学院文学研究科博士課程単位取得満期退学。2001 年より北京師範大学中文系博士課程（中国古典文献学専攻）に留学。2010 年 10 月〜 2011 年 3 月，NHK ラジオ講座「まいにち中国語入門編」講師を務める。おもな著書に『中国語検定 HSK 公認テキスト』（スプリックス），『文法からマスター！はじめての中国語』『30 日で学べる中国語文法』（共にナツメ社）などがある。

イラスト	坂木　浩子，たむら　かずみ，さがら　ゆう
編集協力	（株）エディポック
校正	飯島　啓子，金　鮮栄
	金子　真生，上野　振宇，荻野目　雄太
デザイン	山口　秀昭（Studio Flavor），（株）エデュデザイン
録音	（財）英語教育協議会（ELEC）
中国語ナレーション	飯島　啓子
日本語ナレーション	中村　章吾
DTP	（株）四国写研
印刷所	（株）リーブルテック

この本は下記のように環境に配慮して製作しました。
- 製版フィルムを使用しない CTP 方式で印刷しました。
- ベジタブルインキを使用しています。

①

別冊

軽くのりづけされているので，
外して使いましょう。

中国語をひとつひとつ
わかりやすく。

解答と解説

Gakken

⑩ 私／あなた／彼／彼女など

━━━━━━━━ ▶ 33ページ

(1) 你们 [Nǐmen]

(2) 他 [Tā]

(3) 她们 [Tāmen]

(4) 她 [Tā]，我们 [wǒmen]

⑪ 私は中国に行きます。

━━━━━━━━ ▶ 35ページ

(1) 我 说 英语。
[Wǒ shuō Yīngyǔ.]

(2) 我 写 信。
[Wǒ xiě xìn.]

(3) 你 来 日本。
[Nǐ lái Rìběn.]

**⑫ 私はフランス人では
ありません。**

━━━━━━━━ ▶ 37ページ

(1) 我 不 是 法国人。
[Wǒ bú shì Fǎguórén.]

(2) 你 不 喝 咖啡。
[Nǐ bù hē kāfēi.]

(3) 他 不 来 日本。
[Tā bù lái Rìběn.]

⑬ あなたは日本へ行きますか？

━━━━━━━━ ▶ 39ページ

(1) 肯定：是。[Shì.]

否定：不。[Bù.]／不是。[Bú shì.]

(2) 肯定：去。[Qù.]

否定：不。[Bù.]／不去。[Bú qù.]

(3) 肯定：来。[Lái.]

否定：不。[Bù.]／不来。[Bù lái.]

**⑭ あなたは肉まんを
食べますか？**

━━━━━━━━ ▶ 41ページ

(1) 你 带 不 带 雨伞？
[Nǐ dài bu dài yǔsǎn?]

(2) 他 吃 不 吃 中药？
[Tā chī bu chī zhōngyào?]

(3) 你 上 厕所 吗？
[Nǐ shàng cèsuǒ ma?]

(4) 他们 喝 粥 吗？
[Tāmen hē zhōu ma?]

注意 (2)日本語では「薬を飲む」といいますが，中国語は "吃药 [chī yào]"（薬を食べる）と表現します。(3) "上" は多くの意味があり，「(トイレに)行く」という意味もあります。(4)日本語では「おかゆを食べる」といいますが，中国語では "喝粥 [hē zhōu]" と表現します。

復習テスト

━━━━━━━━ ▶ 42ページ

1 是，我 是 中国人。
[Shì, wǒ shì Zhōngguórén.]
もしくは

不，我 不 是 中国人。
[Bù, wǒ bú shì Zhōngguórén.]

2 (1)说 [shuō]

(2)吗 [ma]／喝 [hē]

(3) 不去 [bú qù]

3 (1) 我 是 日本人。
[Wǒ shì Rìběnrén.]

(2) 你 吃 饭 吗?- 吃。
[Nǐ chī fàn ma? — Chī.]

(3) 她 不 写 信。
[Tā bù xiě xìn.]

読まれた文と意味

1 你 是 中国人 吗?
[Nǐ shì Zhōngguórén ma?]
あなたは中国人ですか？

15 パンダはかわいい。

——— 45ページ

(1) 北海道 的 冬天 很 冷。
[Běihǎidào de dōngtiān hěn lěng.]

(2) 今年 的 夏天 不 热。
[Jīnnián de xiàtiān bú rè.]

(3) 很 大 的 南瓜 不 好吃。
[Hěn dà de nánguā bù hǎochī.]

(4) 汉语 的 发音 难 吗?
[Hànyǔ de fāyīn nán ma?]

16 私も～です。／
私たちはみんな～。

——— 47ページ

(1) 你 也 买 电视 吗?
[Nǐ yě mǎi diànshì ma?]

(2) 他们 都 不 喝 咖啡。
[Tāmen dōu bù hē kāfēi.]

(3) 她们 不 都 是 法国人。
[Tāmen bù dōu shì Fǎguórén.]

注意 "也" は文脈によって意味が違います。
（詳しくは p.55 へ）

17 これ／あれ

——— 49ページ

(1) 这 [Zhè]

(2) 那 [Nà]

(3) 这个 [zhèige]

(4) 那个 [nèige]

(5) 那个 [nèige]

18 私の自転車

——— 51ページ

(1) 她 是 我 妹妹。
[Tā shì wǒ mèimei.]

(2) 这 本 书 是 图书馆 的。
[Zhèi běn shū shì túshūguǎn de.]

(3) 你 吃 的 拉面 是 我 的。
[Nǐ chī de lāmiàn shì wǒ de.]

19 私はあなたにプレゼントをあ
げます。

——— 53ページ

(1) 我们 叫 杜甫 诗圣。
[Wǒmen jiào Dù Fǔ shīshèng.]

(2) 她 通知 我们 明天 休息。
[Tā tōngzhī wǒmen míngtiān xiūxi.]

(3) 她 问 我 你 是 不 是 老师。
[Tā wèn wǒ nǐ shì bu shì lǎoshī.]

復習テスト

● 54ページ

1 我 很 忙。
[Wǒ hěn máng.]

もしくは

我 不 忙。
[Wǒ bù máng.]

2 (1) 都 [dōu]

(2) 这个 [zhèige]

(3) 借 [jiè]

3 (1) 孙 老师 的 女儿 非常 聪明。
[Sūn lǎoshī de nǚ'ér fēicháng cōngming.]

(2) 我 也 喝 葡萄酒。
[Wǒ yě hē pútaojiǔ.]

(3) 这 是 我 的 圆珠笔。你 的 是 那个。
[Zhèi shì wǒ de yuánzhūbǐ. Nǐ de shì nèige.]

読まれた文と意味

你 忙 吗? [Nǐ máng ma?]
あなたは忙しいですか?

> **注意** "女儿" のピンインは [nǚ'ér] と書きますが、[nǚ] と [ér] の間に'(アポストロフィー)が入っています。これは [a] [o] [e] で始まる音節が他の音節に続くとき、区切り目を間違えないようにするためのものです。たとえば、"十二" は [shí'èr] と表記します。

20 数え方

● 57ページ

(1) 一百 [yìbǎi]

(2) 二百五 (十) [èrbǎi wǔ (shí)]

(3) 三百零一 [sānbǎi líng yī]

(4) 一百一十一 [yìbǎi yīshiyī]

(5) 七百八十九 [qībǎi bāshijiǔ]

21 名詞の数え方

● 59ページ

(1) 个 [ge]

(2) 张 [zhāng]

(3) 只 [zhī]

(4) 件 [jiàn]

22 2023年1月1日

● 61ページ

(1) 二 零 二 三 年 十一 月 十二 号
[èr líng èr sān nián shíyī yuè shí'èr hào]

(2) 二 零 二 四 年
[èr líng èr sì nián]

(3) 十二 月 一 号
[shí'èr yuè yī hào]

(4) 二 零 零 一 年
[èr líng líng yī nián]

(5) 四 月 一 号
[sì yuè yī hào]

23 月曜日／今週など
63ページ
(1) 星期一 [xīngqīyī]
(2) 星期五 [xīngqīwǔ]
(3) 下 (个) 星期 [xià (ge) xīngqī]
(4) 三 天 [sān tiān]

24 7時10分
65ページ
(1) 七 点 [qī diǎn]
(2) 七 点 三刻／四十五 分
[qī diǎn sān kè ／ sìshiwǔ fēn]
(3) 五 个 小时 [wǔ ge xiǎoshí]
(4) 晚上 [wǎnshang]

25 いくついりますか？
67ページ
(1) 多少 [duōshao]
(2) 几 张 [jǐ zhāng]
(3) 多少 [duōshao]
(4) 几 杯 [jǐ bēi]

26 今日は何月何日ですか？
69ページ
(1) 你 的 生日 几 月 几 号？
[Nǐ de shēngrì jǐ yuè jǐ hào?]
(2) 九 月 六 号。
[Jiǔ yuè liù hào.]
(3) 去年 是 哪 一 年？
[Qùnián shì nǎ yì nián?]

(4) 你 呆 几 天?
 — 三 天。
[Nǐ dāi jǐ tiān?
 — Sān tiān.]

復習テスト
70ページ
1 一百零一 [yìbǎi líng yī]
2 (1) 几 [jǐ]
 (2) 两 [liǎng]
 (3) 是 [shì]
3 (1) 明天 二 零 二 三 年
 四 月 五 号 星期五。
[Míngtiān èr líng èr sān nián
 sì yuè wǔ hào xīngqīwǔ.]
 (2) 你们 班 有 多少 人?
 — 四十 个 人。
[Nǐmen bān yǒu duōshao rén?
 — Sìshí ge rén.]
 (3) 今天 下午 我 学习
 两 个 小时。
[Jīntiān xiàwǔ wǒ xuéxí
 liǎng ge xiǎoshí.]

27 どれがあなたの靴ですか？
73ページ
(1) 哪个 [Něige]
(2) 哪 本 书 [Něi běn shū]
(3) 哪个 [něige]
(4) 哪个 [něige]，那个 [nèige]
(5) 哪 件 [něi jiàn]，这 件 [zhèi jiàn]

28 これは何ですか？

● 75ページ

⑴ 那 是 什么?
 － 那 是 小提琴。
 [Nà shì shénme?
 — Nà shì xiǎotíqín.]

⑵ 你 说 的 是 什么 意思?
 [Nǐ shuō de shì shénme yìsi?]

⑶ 她 什么 时候 去 中国?
 [Tā shénme shíhou qù Zhōngguó?]

⑷ 你 叫 什么 名字?
 － 我 叫 朱语汐。
 [Nǐ jiào shénme míngzi?
 — Wǒ jiào Zhū Yǔxī.]

29 どのように？／どうですか？／どうして？

● 77ページ

⑴ 去 长城 怎么 走?
 [Qù Chángchéng zěnme zǒu?]

⑵ 用 汉字 怎么 写?
 [Yòng Hànzì zěnme xiě?]

⑶ 这个 手表 怎么 这么 贵?
 [Zhèige shǒubiǎo zěnme zhème guì?]

30 どのようですか？／どうですか？

● 79ページ

⑴ 桂林 的 风景 怎么样?
 [Guìlín de fēngjǐng zěnmeyàng?]

⑵ 太 漂亮 了。
 [Tài piàoliang le.]

⑶ 天气 怎么样?
 [Tiānqì zěnmeyàng?]

⑷ 不 太 好。
 [Bú tài hǎo.]

31 誰？／あなたは？

● 81ページ

⑴ 他 是 谁?
 － 他 是 我 的 同事。
 [Tā shì shéi? — Tā shì wǒ de tóngshì.]

⑵ 谁 教 你 汉语?
 [Shéi jiāo nǐ Hànyǔ?]

⑶ 我 坐 地铁 去 大学。你 呢?
 [Wǒ zuò dìtiě qù dàxué. Nǐ ne?]

⑷ 我 骑 自行车 去。
 那(么) ,小王 呢?
 [Wǒ qí zìxíngchē qù.
 Nà(me) , Xiǎo-Wáng ne?]

注意 中国語の「乗る」は，またがって乗る自転車，バイク，馬などは "骑 [qí]" を使い，座って乗る鉄道，飛行機，船などは "坐 [zuò]" を使います。

復習テスト

● 82ページ

1 很 好。[Hěn hǎo.]／还 可
 以。[Hái kěyǐ.]／太 好 了。
 [Tài hǎo le.] など

2 ⑴ 怎么 [zěnme]
 ⑵ 哪个 [něige]
 ⑶ 什么 [shénme]

3 ⑴ 你 什么 时候 去 上课?
[Nǐ shénme shíhou qù shàngkè?]

⑵ 这个 菜 怎么 吃?
[Zhèige cài zěnme chī?]

⑶ 这 辆 汽车 怎么 这么 便宜?
[Zhèi liàng qìchē zěnme zhème piányi?]

読まれた文と意味
你 最近 怎么样?
[Nǐ zuìjìn zěnmeyàng?]

あなたは最近どうですか?

注意 中国語では名前の聞き方がいくつかあります。"你叫什么名字?" はフルネームを聞くとき，"你贵姓? [Nǐ guìxìng?]" は苗字を聞くときに使います。

32 ～を持っています。／
～はあります。
━━━━━ ▶85ページ

⑴ 我 有 票。
[Wǒ yǒu piào.]

⑵ 星期一 没(有) 考试。
[Xīngqīyī méi(yǒu) kǎoshì.]

⑶ 什么 时候 有 考试?
[Shénme shíhou yǒu kǎoshì?]

⑷ 三 楼 有 什么?
[Sānlóu yǒu shénme?]

⑸ 三 楼 有 餐厅。
[Sānlóu yǒu cāntīng.]

33 家にいます。
━━━━━ ▶87ページ

⑴ 洗衣机 在 门外。
[Xǐyījī zài ménwài.]

⑵ 她 姐姐 不 在 北京。
[Tā jiějie bú zài Běijīng.]

⑶ 厕所 在 几 楼? - 在 二 楼。
[Cèsuǒ zài jǐ lóu? — Zài èr lóu.]

注意 洗濯機は不特定のものなので，"门外 有 洗衣机"。[Ménwài yǒu xǐyījī.] と書きかえることができます。

34 私の母は上海で働いています。
━━━━━ ▶89ページ

⑴ 他 哥哥 在 图书馆 看 书。
[Tā gēge zài túshūguǎn kàn shū.]

⑵ 他 在 家 学习 吗?
[Tā zài jiā xuéxí ma?]

⑶ 不,他 在 补习班 上课。
[Bù, tā zài bǔxíbān shàng kè.]

35 ここ／あそこ／どこ
━━━━━ ▶91ページ

⑴ 你 的 笔记本 电脑 在 书架上。
[Nǐ de bǐjìběn diànnǎo zài shūjiàshang.]

⑵ 邮局 在 哪儿? - 在 那儿。
[Yóujú zài nǎr? — Zài nàr.]

⑶ 你 在 哪儿 学习 汉语?
[Nǐ zài nǎr xuéxí Hànyǔ?]

(4) 渡边 的 儿子 在 那儿 玩儿。
[Dùbiān de érzi zài nàr wánr.]

③⑥ 〜の上／〜の横／〜の東など

➤93ページ

(1) 医院 在 体育馆 对面。
[Yīyuàn zài tǐyùguǎn duìmiàn.]

(2) 银行 在 体育馆 旁边儿。
[Yínháng zài tǐyùguǎn pángbiānr.]

(3) 图书馆 在 哪儿?
－在 大学 北边儿。
[Túshūguǎn zài nǎr?
－ Zài dàxué běibianr.]

(4) 公园 在 哪儿?
－在 银行 北边儿。
[Gōngyuán zài nǎr?
－ Zài yínháng běibianr.]

復習テスト

➤94ページ

1 有。[Yǒu.]
もしくは
没有。[Méiyǒu.]

2 (1) 在 [zài]
(2) 有 [yǒu]
(3) 哪儿 [nǎr]

3 (1) 谢 经理 在 办公室 吗?
[Xiè jīnglǐ zài bàngōngshì ma?]

(2) 弟弟 在 南京 学 汉语。
[Dìdi zài Nánjīng xué Hànyǔ.]

(3) 你 家 在 哪儿?
－在 东京。
[Nǐ jiā zài nǎr?
－ Zài Dōngjīng.]

誤まれた文と意味

你 有 没有 哥哥?
[Nǐ yǒu méiyǒu gēge?]
お兄さんはいますか？

③⑦ 私は中国語を学んだことがあります。

➤97ページ

(1) 我 去过 故宫。
[Wǒ qùguo Gùgōng.]

(2) 她 没 看过 鲁迅 的 小说。
[Tā méi kànguo Lǔ Xùn de xiǎoshuō.]

(3) 你 吃过 北京 烤鸭 吗?
[Nǐ chīguo Běijīng kǎoyā ma?]

(4) 没有,我 没 吃过。
[Méiyǒu, wǒ méi chīguo.]

③⑧ 私はご飯を食べました。

➤99ページ

(1) 他 写了 两 封 信。
[Tā xiěle liǎng fēng xìn.]

(2) 李 老师 走了 吗?
－没有,他 没走。
[Lǐ lǎoshī zǒule ma?
－ Méiyǒu, tā méi zǒu.]

(3) 高桥 戴了 一 副 眼镜。
[Gāoqiáo dàile yí fù yǎnjing.]

㊴ 私はヴァイオリンを弾いています。
101ページ

(1) 昨晚 他 在 家 看 电视 呢。
[Zuówǎn tā zài jiā kàn diànshì ne.]

(2) 我 在 坐 公共汽车 呢。
[Wǒ zài zuò gōnggòng qìchē ne.]

(3) 明天 这个 时候 我 一定 在 工作。
[Míngtiān zhèige shíhou wǒ yídìng zài gōngzuò.]

🌸 (3)は未来のことを表すので、"一定 [yídìng]"（きっと〜だろう）という言葉を加えています。

㊵ 彼はズボンを穿いているところです。
103ページ

(1) 他 拿着 一 张 照片。
[Tā názhe yì zhāng zhàopiàn.]

(2) 我 奶奶 在 床上 躺着。
[Wǒ nǎinai zài chuángshang tǎngzhe.]

(3) 你 在 座位上 坐着 吗?
- 没有,我 没 在 座位上 坐着。
[Nǐ zài zuòwèishang zuòzhe ma?
- Méiyǒu, wǒ méi zài zuòwèishang zuòzhe.]

(4) 名片上 写着 我 的 电话 号码。
[Míngpiànshang xiězhe wǒ de diànhuà hàomǎ.]

復習テスト
104ページ

1 我 去过。
[Wǒ qùguo.]

もしくは

没有, 我 没有 去过。
[Méiyǒu, wǒ méiyǒu qùguo.]

2 (1) 了 [le]

(2) 着 [zhe]

(3) 没有 [méiyǒu]

3 (1) 外边儿 积着 雪。
[Wàibianr jīzhe xuě.]

(2) 他 在 看着 电影 呢。
[Tā zài kànzhe diànyǐng ne.]

(3) 穿着 裙子 的 人 是 谁?
[Chuānzhe qúnzi de rén shì shéi?]

▶ 読まれた文と意味

你 去过 中国 吗?
[Nǐ qùguo Zhōngguó ma?]

中国に行ったことがありますか？

㊶ 〜したい。／〜しなければならない。
107ページ

(1) 我 不 想 在 家 学习。
[Wǒ bù xiǎng zài jiā xuéxí.]

(2) 明天 你 要 来 这儿。
[Míngtiān nǐ yào lái zhèr.]

(3) 我 不 想 喝 白酒。
[Wǒ bù xiǎng hē báijiǔ.]

42 〜してはいけません。／どうぞ〜してください。

109ページ

(1) 小朋友，别 哭了。
[Xiǎopéngyou，bié kūle.]

(2) 这儿 不 要 吃 东西。
[Zhèr bú yào chī dōngxi.]

(3) 请 喝 茶 (吧)。
[Qǐng hē chá (ba).]

(4) 别 着急，我们 有 时间。
[Bié zháojí，wǒmen yǒu shíjiān.]

(5) 别 客气，我们 是 好朋友。
[Bié kèqi，wǒmen shì hǎopéngyou.]

43 私は自転車に乗ることができます。

111ページ

(1) 会 [huì] もしくは 能 [néng]
もしくは 可以 [kěyǐ]

(2) 能 [néng] もしくは 可以 [kěyǐ]

(3) 可以 [kěyǐ] もしくは 能 [néng]
－ 不 能 [Bù néng]

(4) 会 [huì]

(5) 可以 [kěyǐ] もしくは 能 [néng]

注意 (1)母語のときは"会"，第二以上の言語のときは"能"か"可以"が使えます。

44 私は北京から来ました。

113ページ

(1) 中国 的 学校 从 九 月
开始 上课。

[Zhōngguó de xuéxiào cóng jiǔyuè
kāishǐ shàng kè.]

(2) 游乐园 离 你 家 远 吗?
[Yóulèyuán lí nǐ jiā yuǎn ma?]

(3) 离 出发 还 有 一 个 星期。
[Lí chūfā hái yǒu yí ge xīngqī.]

45 〜に与える／〜に対して
〜と一緒に

115ページ

(1) 我 不 给 李老师 写 信。
[Wǒ bù gěi Lǐ lǎoshī xiě xìn.]

(2) 王老师 对 女儿 不 严格。
[Wáng lǎoshī duì nǚ'ér bù yángé.]

(3) 你 跟 她 一起 回 家 吗?
[Nǐ gēn tā yìqǐ huí jiā ma?]

(4) 你 跟 黄小海 认识 吗?
[Nǐ gēn Huáng Xiǎohǎi rènshi ma?]

復習テスト

116ページ

1 我 想 去。
[Wǒ xiǎng qù.]
もしくは
我 不 想 去。
[Wǒ bù xiǎng qù.]

2 (1) 别 [bié]

(2) 可以 [kěyǐ] － 不能 [bù néng]

(3) 离 [lí]

3 (1) 他 对 古典音乐 没有 兴趣。
[Tā duì gǔdiǎn yīnyuè méiyǒu
xìngqù.]

(2) 离 毕业 只 有 一 个 月 了。
[Lí bìyè zhǐ yǒu yí ge yuè le.]

(3) 女儿 会 游泳 了。
[Nǚ'ér huì yóuyǒng le.]

你 想 去 中国 留学 吗?
[Nǐ xiǎng qù Zhōngguó liúxué ma?]

中国に行って勉強したいですか？